高职英语教学模式和方法研究

甘 乐 ◎ 著

吉林出版集团股份有限公司

图书在版编目（CIP）数据

高职英语教学模式和方法研究 / 甘乐著. — 长春：吉林出版集团股份有限公司，2022.9
ISBN 978-7-5731-2171-4

Ⅰ. ①高… Ⅱ. ①甘… Ⅲ. ①英语－教学模式－教学研究－高等职业教育 Ⅳ. ①H319.3

中国版本图书馆 CIP 数据核字 (2022) 第 174514 号

高职英语教学模式和方法研究

著　者	甘　乐
责任编辑	白聪响
封面设计	林　吉
开　本	787mm×1092mm　　1/16
字　数	220 千
印　张	10.5
版　次	2022 年 9 月第 1 版
印　次	2022 年 9 月第 1 次印刷
出版发行	吉林出版集团股份有限公司
电　话	总编办：010-63109269
	发行部：010-63109269
印　刷	廊坊市广阳区九洲印刷厂

ISBN 978-7-5731-2171-4　　　　　　　　　　　　定价：68.00 元

版权所有　侵权必究

前　言

　　培养高职学生基本的英语阅读、会话、写作以及听力能力，推动高职学生成为具有全球思维、先进理念以及基本素养的优秀从业者和创业者，帮助高职学生更快更好地融入全球化发展潮流是高职英语教学的主要任务，也是我们高职教师需要深入探究解决的课题之一。

　　在高职院校中，重技术教学、轻文化教学已经是一种常态，技术类课程占据了大量的时间，英语等基础文化性的课程时间则被严重压缩，使得教师和学生都对英语学科的重要性产生了误解，英语课堂效率低下、教师热情不在、学生兴致不高的问题也就随之而来了。因此，对于我们教师来说，要想实现高职英语课堂效率和氛围的革新，首先要做的就是转变自身的教学理念，以一个教师的身份来认真对待英语教学，强化英语教学工作，转变英语教学方法，最终感染学生的情绪，提高英语课堂的效率。

　　在英语运用范围和领域越发广泛的当今时代，无论是高级管理者还是基层从业者都需要灵活掌握基本的英语能力，并在自己的能力范围内不断学习更高层次的英语运用方法，才能够为个人发展创造更多的机会，为社会发展注入更多的动力。作为一名高职院校英语教师，从笔者的角度来看，当前高职院校对英语教学的重视程度已经得到了较大的提高，但是英语教学的方法、理念却远远落后于重视程度，基于此，本书对高职院校中有效的英语教学方法进行了探讨。

　　高职学生学习的内容趋向专业化和技术化，学习目的直接面向社会化的就业和工作，所以许多学生认为学习英语是浪费时间，没有丝毫实用性，从而不愿意花费时间认真学习英语。但是，英语对于高职学生将来的发展有着突出的实用价值，不允许学生和教师有所轻视。故而教师必须要加强英语教学工作与学生专业学习、就业之间的联系，达到引起学生重视英语的目的，并为学生提高自身就业竞争力、发展潜力打下坚实的基础。

目 录

第一章 高职英语教育概述 ·· 1

    第一节 高职英语专业教育现状分析 ·· 1

    第二节 现代高职英语专业教学模式分析 ······································ 5

    第三节 现代高职英语教育的实用性分析 ······································ 8

第二章 高职英语专业建设和课程设置 ·································· 13

    第一节 高职学校英语专业的培养目标和学科特点 ······························ 13

    第二节 高职英语专业建设 ·· 14

    第三节 高职英语课程设置 ·· 22

第三章 高职英语教学基本模式 ·· 32

    第一节 分级教学模式 ·· 32

    第二节 模块教学模式 ·· 35

    第三节 研究性学习教学模式 ·· 37

第四章 高职英语项目化教学模式 ······································ 42

    第一节 项目化教学解析 ·· 42

    第二节 高职英语项目化教学模式实践 ·· 47

    第三节 高职英语项目化教学案例 ·· 51

第五章　高职英语网络化教学模式······56

第一节　网络化教学概述······56

第二节　高职英语网络化学习的理论基础······63

第三节　高职英语网络化教学改革中出现的问题及对策······66

第四节　现代教育技术与学科课程的整合······69

第六章　高职英语混合式教学模式······74

第一节　混合式模式综述······74

第二节　混合式模式教学的理论基础······77

第三节　高职英语教学混合式模式应用实践······80

第四节　教学实验结果和讨论······90

第七章　高职英语教师发展与团队建设······95

第一节　高职英语教师概述······95

第二节　高职教师专业发展途径······101

第三节　高职"双师结构"教学团队的内涵与建设要素······105

第四节　"双师结构"商务英语教学团队的建设······112

第五节　"EGP＋ESP"与高职英语教师专业发展······118

第八章　高职英语教学创新研究······123

第一节　新媒体下的高职英语教学······123

第二节　工学结合下的高职英语RICH教学······128

第三节　图式激活理论与高职英语听力焦虑教学······132

第四节　"双创"高职商务英语产学合作协同育人······137

第九章　现代高职英语教育展望 ··· 142

　第一节　高职教育体系的完整发展 ··· 142

　第二节　高职英语教育对教师的要求 ·· 146

　第三节　高职英语教学手段和设备的现代化 ·· 149

　第四节　高职英语教学模式、评估方法 ·· 152

参考文献 ·· 157

第一章 高职英语教育概述

第一节 高职英语专业教育现状分析

一、高职英语专业基础教育现状

（一）高职英语专业的培养目标和社会意义

高等职业技术教育作为我国高等教育的重要组成部分，与普通高等教育构成我国高等教育的两支大军。它们具有很多的相同点，如教育层次基本相同、教育的政治取向一致、教育教学的基本原则相同、教师的基本要求相同、学校管理原则基本相同等。但是，高职教育与普通高等教育在培养目标、培养特征、专业设置、课程开发、授课方式、教学条件、师资队伍、招生制度、教育形式、管理架构等方面也存在很大的差异，其中最突出的就是它们的培养目标不同。普通高等教育培养的是学术型、理论型、工程设计型等学科专业人才，而高职教育培养的是技术型、智能型、复合型等实用人才。

高职高专英语专业是培养具有良好的综合素质和英语听、说、读、写、译的能力，具备较丰富的英美文化知识，熟悉和掌握一定的专业基本理论和方法，适于涉外工作第一线需要的高等应用型专业人才。也就是说，要培养具有良好的英语应用能力和英美文化知识，又具有专业知识的技术型或应用型人才，而与本科培养的学术型和工程型人才有所不同。高职高专英语专业学生除了具有良好的思想道德素质和身心素质，他们的文化素质是以英语知识为基础，虽不要求学生像学术型人才那样掌握高深的理论知识，但都要求达到大学专科层次必须具备的理论知识和"基础学历"，同时具有相应的其他专业知识，以便与一个高级的应用型、技能型人才的知识储备和国民素质相适应。

虽然学术型、工程型、技术型或应用型人才都处于高等教育的文化背景和素质平台之上，同属于高层次的人才，且都在自己的专业领域具有较强的创新能力，但高职英语专业培养的技术型或应用型人才，相对普通高校英语专业培养的学术型人才而言，他们程序性知识娴熟，操作性技能高超；他们擅长实践，动手能力强；他们能把课程中学到的理论知识应用到工作实践中。而且，高职英语专业培养的应用型人才在听、说方面的能力尤为突出，同时他们还具有一定的其他专业知识，如商务、旅游、交际、外贸、文秘等，能更快地适应工作岗位的需求。由此不难看出，高职英语专业作为普通高等英语教育外延的拓展，是一个新兴的重要类别，它与普通高校英语教育互补共存、不可或缺，其培养的应用型人才特色鲜明，与普通高校英语专业培养的学术型人才各有所长，都为社会所需要。同时，高职英语教育直接和生产、管理第一线相联系，为社会发展服务，为经济发展服务，为中华民族在新时代的腾飞造就大批技术、素质优秀的外语人才。

（二）高职英语专业与普通高校英语专业的区别

几乎所有的普通高等院校和高等职业技术院校都开设有英语专业。高职英语专业与普通高校英语专业有着密切的关联，但是它们又各具特色，不尽相同。

高职英语专业与普通高校英语专业在教学层次上存在显著差异，高职英语专业学生在入学时，认知英语单词与高职非英语专业学生基本相同，为1000~1600个；而普通高校英语专业的学生入学时，已掌握了不少于2000个单词。学习者起点不同，教学要求也不同。在教学任务完成时，学生在听、说、读、写、译各方面所达到的程度也大不相同。大部分普通高校英语专业要求学生通过全国英语专业四级和八级统一考试，而对高职英语专业学生没有做统一要求。不同的高职院校对英语专业学生有不同要求，有的学校要求通过全国统一的非英语专业四级或六级考试；有的学校要求通过全国英语能力A级考试；也有学校鼓励学生参加国际语言考试，如TOEFL、IELTS等，并设定一定的分数线以获取毕业资格。

除了教学要求不同外，高职英语专业与普通高校英语专业在教学目的上也大不相同，对国内十余所高校所开设的"英语专业"调研发现，它们的专业培养目标大同小异，基本上都是"培养通晓英语语言及英美国家文学、社会、历史，能在外事、文化、新闻出版、教育、科研、经贸、旅游等部门从事翻译、研究、教学、管理工作的英语高级专门人才"。由以上目标不难看出，常规的本科英语专业培养的是通用型外语人才，没有针对社会某些相对固定的岗位（群）需要设定人才的规格，英语对于毕业生将来从事的工作岗位来说仍然只是一门工具。在课程设置上，以学科的理论体系为框架设置课程，组织教学，强调知识的系统性、完整性。普通院校的本科英语专业沿袭着传统的"公共基础课英语语言课"的套路，语言类课程主要有英语精读、口语、英语语法、英语写作、西方文化、笔译、口译、英美文学、跨文化交际、英国文学、美国文学、英语语言学、英语词汇学、英语修辞学、英美诗歌赏析等。

高职高专英语专业中设立的"应用英语""商务英语""旅游英语"和"英语教育"四个英语专业与普通本科院校的"英语专业"在培养目标、人才培养模式、社会就业等方面有很大的差别。经过调查发现，大部分高职英语专业的培养目标是："培养较高层次，德、智、体、美全面发展，具有较扎实的英语语言功底和较强的英语交际能力，具备一定的专业基础知识和业务能力，能运用英语从事商务活动、外事活动、旅游接待、英语教育等工作的高等应用型专业人才。"从该培养目标可以看出，高职英语专业培养的人才已经将商务、外事（应用）、旅游、教育等专业与英语有机结合，其培养的人才具有较强的岗位针对性。高职英语人才由原来的"通用型"人才，转变成了目前的"应用型"人才。在课程设置上，以职业综合能力为中心，以岗位（群）所必备的知识、能力和品格为依据开发课程，课程内容突出适合性和针对性。英语基础课以"必需、够用"为度，强调教学以技能实践和实用训练为主。大部分高职英语专业课程都是采用综合的形式，课程主要由英语、专业和综合实训三部分构成。而且为了突出专业和英语两个强项，在课程构成上英语课程和专业课程都占了相当的比例，学生在这两方面达到"了解总体、掌握基本、简单操作"的水平。高职英语专业学生对于所学知识的要求是"实用为主、够用为度"；所开设的主要课程除了综合英语、英语听说、口语、听力等英语课程外，还开设了大量的专业课程和综合实训课程，如商务英语专业开设了商务英语、国际贸易实务、国际金融、商务模拟、商务文秘等专业和实训课程。在教学方法上，大部分高职院校的英语专业都注重学生英语交际技能、专业应用和业务能力的培养。课堂上除了传授知识外，还加强了课堂的互动。课堂教学的主体由原来的教师变成了现在的学生，教、学、做合一，手、脑、机并用。同时，学生的教学实践得到了加强，无论在课堂教学中还是在实训室，学生都有大量的机会开展操练和实训。除此之外，大部分高职院校还安排学生定期到企业实习、到交易会等场所进行业务实习，以加强学生的动口、动手能力。从目前就业状况来看，高职英语专业培养定位主要是涉外型或外资型公司的文员、秘书、外贸业务人员等。同时，高职英语专业学生除了毕业证（学历证）以外，还持有各类职业资格证书，资格证书和学历文凭并重。学生就业心态较好，社会需求旺盛，因此，高职英语专业的毕业生供不应求。

　　从以上的分析可以看出，高职英语专业和普通高校英语专业在某些方面有共同之处。如开设的某些课程，但是从培养目标、课程设置、教学方法和教学安排等多个方面，高职英语专业突破了传统本科英语专业课程单一的不足，为学生拓宽了知识领域和发展空间，同时针对学生的技能培养增加了大量的实训，有利于学生所学知识的融会贯通，有利于学生应用能力、实用能力的培养与提高，有利于培养基础扎实、机智灵活、求实创新的新时代复合型、应用型人才。

二、高职英语专业社会需求

普通高校专业建设的一般指导思想是"以学科建设为基础、以基础学科专业为依托、以社会需求为导向、以课程建设为核心",专业建设中尤为注重学科的建设和发展,这与它主要培养理论型、研究型人才的培养目标是相契合的。相对而言,高职教育专业具有更大的可变性和开放性,更容易受到市场变化的影响,这主要是由于高职教育培养的是高等应用型技术人才和管理人才。较之理论型、研究型人才,这类人才与一定区域的市场、职业、行业、产业、技术等有着更直接、更紧密的关联,其专业具有较强的职业定向性和针对性,其专业设置是以市场需求为导向。所谓以市场需求为导向,就是面向区域和地方经济发展,面向生产、服务与管理第一线设置专业,将当地产业结构和社会人才需求的变化趋势作为确定专业体系主体框架的依据。高职教育的专业设置与专业结构,虽然不能完全准确地反映社会职业需求,但高职教育的专业类别与设置越来越贴近经济社会的需求,大体上折射出了产业结构调整和社会职业需求的变化趋势。从另一个方面来看,社会人才需求决定了高职各类专业的生存和发展。高职英语专业也不例外。

互联网上大多用英语进行对话。国际电话中的交谈,有85%是用英语进行的;全球3/4的邮件、电传和电报用的也是英语。英语更是国际商务活动中使用的通用语言。外企大量涌进中国市场,同样中国企业也将走向世界。本来就很走俏的英语专业人才,必然备受青睐。因此,国际贸易、外语类专业需求趋热,增幅较大。经济活动的频繁,使很多企业急需大批精通外语、贸易、法律的复合型谈判人才,这也是外语专业毕业生普遍看好的发展方向。从社会需求上看,许多政府部门、国际组织、外企和跨国公司以及大型国有企业与高科技公司对复合型英语人才的需求量非常大。中国加入WTO对外语人才的需求在数量、质量、种类及层次等方面均提出了更高、更多的要求,尤其是具有深厚的语言文化基础、纯正的英语语音语调、系统的相关专业知识,具有用英语流利地进行国际交流和在对外贸易活动中的笔译能力,并能独立从事对外贸易、外事、交际、旅游等业务工作的人才。单一的阅读型和语言技能型人才,已远远不能满足社会的需求。

三、高职英语教师现状分析

1. 教师最后毕业院校:师范类和非师范类

教师的最后毕业院校是否是师范院校反映在师资队伍建设中一个突出的问题是,多非师范类院校本科或者研究生毕业生,在学校读书期间没有接受任何形式的教学方法培训,没有进行系统的教育心理学课程和教育理论的学习,没有教育实习经验,毕业后就到职业技术院校任教。他们到了英语教学岗位，教学活动大多凭自己感觉，一切凭自己摸索，实施教学。在和这类教师交谈时，多数教师反映说，"我的老师是怎么教我，我也怎么教学生"，因此，职业技术院校在师资队伍建设中面临一个重要的任务，就是建立针对年轻教师"传、帮、带"机制，帮助年轻教师熟悉并掌握英语教学规律和特点。

2. 入职前工作经验：教学经验丰富，实践经验较欠缺

从企事业单位引进有实践经验的英语人才，是职业院校英语专业建设"双师型"英语教师队伍的有效措施。随着教师职业准入制度的进一步完善和深化，这部分教师的数量必将越来越多。

高等教育大众化和社会对应用型复合人才的需求必然导致我国高等职业技术教育的快速增长，职业技术学院英语教育也将高速发展。伴随着英语教育规模的进一步扩大，师资队伍建设问题也日益突出。从目前职业技术院校英语教师的来源上看，主要是招聘普通高等院校毕业的本科生、研究生和企业、事业单位具有实际工作经验的英语专业人员，有一些经济实力比较强的院校通过特殊政策吸引博士研究生，还有就是聘请兼职教师。加强英语师资队伍建设，尽快提高他们的职称、学历、教学水平和科研水平以及实践能力，使他们快速适应职业技术英语教育需要和教学要求，是当务之急。

第二节　现代高职英语专业教学模式分析

进入21世纪以来，中国高等职业教育迎来了飞速发展的机遇，但同时也面临越来越多的问题和挑战。在短短几年时间内，高职教育界出现了从课堂教学实践经验到理论体系建构等百家争鸣，为繁荣高职教育的理论、促进高职教育的更大发展做出了巨大贡献。

作为高职教育的重要组成部分，高职英语学科教育也在这种繁荣昌盛中迅速壮大起来。在广大高职英语工作者的共同努力下，在高等教育出版社、外语教学与研究出版社、上海外语教育出版社等一流出版社的大力配合下，全国出现了数套具有较大影响的高职英语教材，如《实用英语》《希望英语》《新世纪英语》等，高职院校英语的教学方法探讨也如雨后春笋般不断涌现，涉及高职大学英语的目标定位、教学方法、教材编写和选用、学习策略研究等多个方面。然而，在高职英语界理论与实践百花齐放的同时也出现了一些令人困惑的现象，归纳起来，主要有以下几种：高职英语专业研究的力度较弱；在英语教学理论依据中英语作为外语与英语作为二语的区别不清；在英语教学理论探讨中，教学模式与教学方法等术语有混用的趋势。

一、教学模式定义

在教育学理论体系中，教学模式也许是最有歧义的术语之一。人们但凡论及教育教学，教学模式一词都不免登场亮相，尽管该词在各种期刊和专著中具有很高的曝光率，学术界却至今未能对其做出一个占主导地位的定义，更多的只是各家各派的理解和诠释。

研究教学模式，有必要先对"模式"做一番语义分析。据查有梁先生基于各大权威辞书的考证，"模式"一词源于"模型"，最初指实物模型，后发展为指非实物模型。非实物模型的最初应用是在数学领域，即数学模型，指用数学符号抽象地表达实际问题，"数学建模"如今已经发展成一种专门学科。非实物模型拓展应用于人文社科领域后，即成为人们常说的各种"模式"，如"文化模式""教育模式""经济模式"等，指用文字或图解对非实物现象进行一种抽象的说明或描述，模式与理论联系密切，可从理论中来，也可发展为理论。从中文语义上看，"模式"广于"模型"，而其对应的英文则一般用"model"，而非"pattern"，尽管如今两词在翻译上有混用的趋势。

在教育领域，一般公认美国哥伦比亚大学乔伊斯和威尔等是最早从事教学模式研究的学者，他们在《教学模式》中引用杜威对教学的定义——"教学是环境的设计"，认为教学模式是"对学习环境（包括模式使用时教师行为）的描述，可用于设计课程、教案、教材（包括多媒体材料）等诸多方面"。在此基础上，他们提出信息加工型、社会型、个人型和行为系统型等四大类别以及十多种教学模式。

二、中国英语教学的特殊背景

具体到我国英语学科教育，对教学模式的理解在教学理论探讨中同样存在一定的混乱现象。有研究者在统计1999—2003年间七种外语类核心期刊关于大学英语教学模式的文章时，发现真正属于教学模式层次论文的数量太少，无统计分析意义，故将教学方法的论文一并纳入统计范围。这一统计默认（因没有具体界定）的前提似乎是教学模式不同于教学方法，但其实际做法却将二者画了等号。这一表象的模糊实质上只是我国外语教学理论纷争的冰山一角，以下列举两个影响更为深远的现象：

我国英语教学的学科归属争议已非一日，并且是有其世界背景的。研究表明，早在20世纪70年代末和80年代初国内外就已开始讨论语言教学与语言学的关系问题。

一部分国外研究者从跨学科的角度对外语教学进行了大量的理论探索，反对将外语教学划归为语言学，并在此基础上提出了各种跨学科性的语言教育模式。

相对于国外的研究而言，"中国英语教学有一种深沉的语言学情结"，具体说是20

世纪 80 年代开始一批应用语言学研究者将外语教学划归语言学的分支——应用语言学的范畴。例如，桂诗春指出"中国外语教育的发展有赖于我国应用语言学研究的发展"。

当然，对此也不乏反对意见，国内研究者中，章兼中教授综合国外的理论，结合我国语言教育的实践，提出语言教育的完整体系是由宏观的教育政策及其跨学科的基础理论、中观的语言教育理论与应用和微观的语言教育实践三个层面构成。夏纪梅在论及外语教学的学科属性时也认为"不宜把外语教学划归语言学，至少语言学不是外语教学的唯一归属学科，这个结论应当是可以成立的"。这种对语言教学跨学科性质的关注无疑有利于我国外语教学的理论建设与实践发展。

三、高职英语专业教学模式的定位

探究我国高职英语专业教学模式必须首先辨析几个概念，或者说理顺几个关系，即普通高校本科英语专业与高职英语专业的关系、通用英语与专门用途英语的关系、教学方法与教学模式的关系等。

（一）本科英语专业——高职英语专业

相对于本科英语专业的成熟经验，我国高职教育整体起步太晚，目前仍处于摸索阶段。近几年随着经济全球化的需要，我国加大了培养针对一线岗位群的实用型高等人才的力度，高职教育获得了前所未有的发展。然而，从总体上看，除了主要面向非英语专业的《高职高专教育英语课程教学基本要求》（以下简称《基本要求》）之外，我国还没有颁布专门针对高职英语专业的指导性大纲，而我国本科英语专业已经在长期发展的成熟经验基础上，开始按照"英语＋专业知识""英语＋专业方向""英语＋专业"等模式进行改革，以适应新时代对复合型人才的需求。

（二）通用英语——专门用途英语

我国高等职业教育目前仍处于探索期，关于高职英语教育的国家指导性文件只有教育部高教司颁布的《基本要求》。由于高职院校培养的是技术、生产、管理、服务等领域的高等应用型人才，高职英语的课程教学目的被确定为"使学生掌握一定的英语基础知识和技能，具有一定的听、说、读、写、译的能力，从而能借助词典阅读和翻译有关英语业务资料，在涉外交际的日常活动和业务活动中进行简单的口头和书面交流，并为今后进一步提高英语的交际能力打下基础"。尽管这一界定仍未明确说明对高职英语专业的具体要求，但作为高职教育的重要组成部分，高职英语专业不可避免地同样带有高职教育的普遍特性，即与职业岗位群的紧密联系，而这恰好与 ESP 所涵盖的范围不谋而合。

(三)教学方法——教学模式

结合高职英语教育的实际情况，笔者将高职英语专业教学模式界定为由一定数量的子模式群体，分层次构建的一个开放式、发展性的体系，它以一种简化的方式反映高职英语专业建设的方方面面，其中既包含教学各要素及其关系，又体现教学各阶段、各过程的特点。它是高职英语专业人才培养的一种综合模式，可具体分为宏观的能力结构子模式群、中观的教学过程子模式群和微观的课堂教学子模式群（课堂教学方法）。

第三节 现代高职英语教育的实用性分析

应用性主要讨论高职英语教育的教学目标，实践性的焦点在于高职英语教育的教学过程和方法。实用性主要涉及的是高职英语教育的教学内容以及与特定的教学内容相关的一些教学特征。这样，高职英语教育的整体特征便呈现出来。

高职英语的实用性体现在英语教学内容与学习者所学专业的密切相关性以及与学习者将来职业环境下英语交际的明确针对性，表现在培养学习者学以致用的英语交际能力的终极目标上。所以，在很大程度上，高职英语教学都带有浓重的专门用途英语教学、专业教学法以及任务教学法的色彩。这也构成了高职英语教学与普通英语教学的显著差异。

一、高职英语的两个转变

威多森指出，ESP是与（职业的）活动领域相关的，它代表了学习者的期望。教学法之力量在于语言学习与专业学习方法的结合。因为它不但给以语言学习为驱动的课程设置和零乱无章、由下而上的教学方法带来了变化，而且还完成了两个重要转折：教学重点从文本作为语言目标（TALO）向文本作为信息载体（TAVI）的转移。注重过程和实际结果，由语法—功能—意念法到任务法。

(一)TALO与TAVI之差异

托尼列出了TALO与TAVI在选材、准备活动、文本处理、教学活动以及课外活动方面的差异（表1-1）。

表 1-1　TALO 与 TAVI 的差异

	TALO	TAVI
选材原则	旨在阐述句子结构；一般性话题；专门写的或修改或重写的；生词受到控制；课文短且划分容易，课文由教师选定	旨在满足学生需求的价值；一定范围的原版课文；通过任务和支持划分难度；课文长短不一，逐渐加长；课文由教师，也可由学生和其他人来选
预习	几乎无词汇翻译	作用和发现者指南一样重要，可唤起兴趣，树立目标
课文处理	焦点是语言和新知识；焦点是细节和理解；所有句子和词；句法问题	焦点是信息和旧知识；猜生词；焦点在意义、功能和形式词之联系
交际类型	教师一言堂；以教师为中心；教师问，学生答；教师评价	学生协同实践；角色转换；学生互相疑问、评价；自学模式；学习、学习者为中心

显然，TAVI 在培养学生交际能力、完成高职英语教育目标方面具有很大优势。成功的学习者则注重整篇大意，用猜想和快读方式学语言和信息。显然，TAVI 摒弃了由下而上的旧法，而代之以由上而下的学习方法，即先以整篇文本为主要信息，后课文结构，再段落，最后才触及句子和词。因为准确、迅速地吸收信息比语言细节更有意义，理解文本的宏观结构先于语言研究，文本中信息的摄入至关重要。

TAVI 的另一特色是突出学生作用。这主要因为与学习者有关的两个因素：①专业知识。②与专业领域有关的认知和学习过程。除去语言学习活动，高职英语还大量涉及反映学习者专业领域的活动。

（二）任务法的特点

高职英语教育与任务法有千丝万缕的联系，任务法有如下特点：教学以语言意义为出发点；教学旨在解决一些交际问题；教学活动存在与真实世界的直接关系；优先考虑完成任务；评估标准是结果。

努南建议用任务法来开展课程教学，任务教学法要求学生专注于意义而非形式。他区分了教学任务和真实世界任务，前者指正式的语言学习，如按照教师的指令画一幅画，后者更加实在，如填工作申请表，它与学生将来要使用语言去做的事有关。努南建议使用三种不同的任务来刺激学生进行互动：①信息差，如找出两幅画中不同的部分。②推理差，如找出一幅画的缺陷。③观点差，如列出你最喜欢的，并说出原因。任务法与高职英语教育已成功地在英语作为二语和外语教学中相融合，促使学生交换信息并解决问题，理解意义。

二、高职英语教育的三大焦点

高职英语教育过去10年在教学理念、教学模式等方面都有所创新，它目前关注的四大焦点问题是：以话题为核心；使用原版语言；满足学习需求；培养学生交际能力。

（一）以话题为中心

高职英语教育主张以话题，而非语法项为基准选用教学材料，使学习者更易学习，从而激发其兴趣，使学习者具有使用新的语言去成功做事的自信和惊喜。课堂实践是一些打破语法系统的、以话题为中心的阅读和实践活动，话题内容不再是对基于语法内容的课程的点缀和补充，而且语法学习需与话题相关联，由话题决定。

布林顿、斯诺、韦舍建议，语言教育的目标就是为了避免人为地将专业与语言割裂的倾向。不幸的是，这种割裂存在于许多教学环境中，因为人们错误地认为，学语言等于学语法，意义只能通过翻译、通过第三者传达，学生必须在学习真正的专业之前流利地使用语言。许多人担心，以专业知识为重点教学会牺牲语言技能的培养。实验证明，语言学习并没有被忽视。在高职英语教育中，语言与专业是相互作用的。

（二）使用原版语言

慎重、有效地将原版材料引入课堂，这是高职英语近年来的发展趋势之一。有人担心使用原版语言会给学生增加学习难度，平添畏难情绪；也有人认为，有些词汇和语法项本来就难学，所以应先学。实际上，分级课文比原版课文给学生带来更多的麻烦，人工语言课文并不能给学生提供真实的英语交际模式，它缺乏自然的语言冗余，剥夺了学生理解的多重暗示。分级语言和人工语言很难能有效地提高学生的语言能力。

如果材料是精心挑选的，学生又有图式知识作为铺垫（相关的语言、专业、文化背景知识），如此，利用专业与上下文相结合的办法去理解信息，学生便会开发其他语境中未知语言的语言处理机制，最终提高英语水平。

高职英语教育的重要部分是如何对课堂活动分级，并运用多种教学策略，如有效利用上下文，循环或螺旋式使用已有信息，利用学生的背景或图式知识，使用协作方式和教学策略等。

（三）满足学习需求

高职英语教育考虑到了学习者的语言、认知和情感差异，帮助他们做出相应调整。同时，也满足了其职业和个人兴趣要求。

1. 语言差异

由于学生个体图式知识的差异，不同学生在语言特征、词汇、语法学习方面存在学习顺序以及内容取舍等方面的差异。此外，有些学生习惯于使用图式知识去推断意义，即猜测；有些学生对模糊的容忍程度低，对陌生语言的处理策略少，更习惯于求助教师、语法书和词典去证实自己的假设，他们更喜欢记忆法。

2. 认知差异

在认知层面上，学生有不同的学习风格，如有些视觉信息接受能力强，有些听觉学习效果好；有些善于演绎，有些长于归纳；有些注重整体，有些偏好局部；有些善于发现共通点，有些善于比较不同点；有些按顺序处理信息，有些平行处理信息等。一个课堂上的认知差异是无穷的，每一种学习风格都和学习策略有关，每个学生对任何一种教学策略的反应都是不同的。熟悉教学策略，又了解学习风格的教师有得天独厚的优势去帮助学生更好地学习原版专业材料。变换讲解演示方式是应对不同学习风格的基本策略之一。莫汉推出了一种将"经验法"和"说明法"相结合的教学方法，前者指角色扮演、讨论、演示与操母语者交往等，后者包括讲座、读物、讨论及演示等。

3. 情感差异

大多数学生在学习原版材料和真实案例取得成功时都会激发出极大热情，个别则不然；有些习惯于独自学习，有些付出努力就希望得到表扬；有些不喜欢教师的明显纠正，有些得不到纠正则不悦，等等。优秀的教师应随时观察和分析学生的情感需求，争取保持克拉申所说的"低情感过滤者"作用。

在决定教学内容时有学生的参与有极大优点。学生参与选择话题和教学活动可使其有更好的学习动机，并使课程变化到更好地满足学生需求的轨道上来。况且，学生被采纳的主题和实践活动创造了一种学生自觉学习的氛围，极大地减轻了教师教学组织的负担，使教师更容易成为"学生学习的管理者。"

（四）培养学生的英语交际能力

广义而言，高职英语教育是语言教育的新坐标，这个新坐标的中心是培养学生英语交际能力，即在真实条件下与操母语者交际的能力。真正的人际交流是不可能与目的语文化、交际能力之语言以及非语言特征相割裂的。这个概念与高职英语教育有密切关系。因为为了培养高职学生在新的文化背景下生存和工作，教师必须创造教室与所学目的语文化的直接联系，显然基于语法能力的教学是无法胜任这一任务的。

克拉申指出，外语学习早已超出了纯语言的范畴，它同时也是一种社会的、文化的、历史的猎险。因为它是研究作为社会现实的语言的，所以传统的关于语言与文学、宏观文化与微观文化、语言能力与语言使用、普通教育与职业培训的界定，早已不像先前那样清晰。

高职英语教育将会成为最有效的外语教学途径。克拉申和特雷尔将专业性课堂活动称为课堂上有效地向学生提供提高性输入的方式。他们引用了加拿大沉浸教学法与 ESP 相结合的例子，通过用目的语学习专业，如数学、历史、科学，学生取得了巨大成功，他们声称这种教学的成功源于学生对信息而非形式的关注。同时，这种教学方式成功地向学生展示学习英语的优势，高度关注学生在语言学习中的分析和批评能力，鼓励学生继续提高语言技能。

高职英语教育模式和方法已经出现在世界范围内，在许多外语教学场合，包括普通大学课程和语言学院课程中，并且不同程度地取得了成功。

第二章 高职英语专业建设和课程设置

第一节 高职学校英语专业的培养目标和学科特点

从某种意义上来讲，办学就是办专业。专业是高职学校培养工作具体实施的载体，学员的知识与能力的形成就是通过专业学校来实现的。学科专业建设在中国高校发展中有着很重要的战略地位，其内容主要涉及学科设置、人才培养、研究基地建设、教学改革、工学融合发展等方面。一个高职学院要想办出特色，就需要将课程条件构建、培养模式与教学方法上的重大变革和创新贯彻到学科专业建设上。

国家教育部启动的全国高等职业院校教学与高等专科教育人才培养工作水平评价工作，有力地促进了全国高职学校的办学条件建设与教育内容建设，使高等职业学校教学水平迈上了一个新台阶，并将进一步推动高职教学水平向纵深发展，而发展的主线便是提高教育内容建设。

一、高职英语专业的人才培养目标

高职教育英文学科的主要目标为：培养大学生具备较强的英文听、说、读、写、译等综合运用才能，同时具备较宽泛的跨文化基础知识、较实用的专业技能以及较娴熟的计算机运用技术，并能在政府外交、经济、文化、高等教育、旅游等行政部门中担任翻译、国际贸易实务、导游、政府办公室管理等工作，以及涉外文秘等服务岗位的高级技能型人员。

二、高职英语专业的专业特色

高等院校英语专业不同于一般高等院校的英语专业，学科教育与职务工作关联密切，教学与职务资格全面衔接，有着鲜明的职业化特色。在具体课程上，突出了实践性课程，以满足涉外管理和业务领域对人才培养的特定要求,并突出了"宽基本、强技能、广适应性"的高等院校英语专业的特色目标。在高职教学体系中,实践性课程有着和基础理论课程一样重要的意义。它是通过认识学习、课程实验、顶岗实习等各种有目的、有规划、有组织的活动,实现对学员书本知识、专门技术以及与未来职业岗位相衔接的教育形态——既包含对学员涉外管理、业务等知识与技术的传授,也包含对学员职业意识的培养,还包含对公司内部运营管理环境的了解和对企业经营活动中所包含的复杂人际关系的认识,等等。

第二节 高职英语专业建设

一、商务英语专业

(一)商务英语专业定位

商务英语学科是一种综合性学科,其所涉及的内容也十分宽泛。"商务"是一个广义的概念,指企业围绕贸易、融资等领域进行的各种经营、公务和活动,具体涉及贸易、服务、企业、市场、旅游、法律、运输、海事等许多方面。高职商务英语专业不可能面面俱到,所以,为商务英语专业选择一个具体的发展目标就十分有必要。因此各个高校都可以针对社会需求和企业特色,开设多样化的专业方向(如航空乘务、贸易、国外融资、国外销售、电商等)。

高职商务英语专业的培养目标应当适应高职学员的水平特点,坚持"实用性为先,够用为度"的教育原则,同时面对企业的中低端人才,重点培养实际能力较强、语言基础知识足够的高技能型人才。例如,国际贸易从业人员、进出口国际贸易单证员、报关员、外销员等。

(二)高职商务英语专业的现状与问题

在世界市场经济浪潮的带动下,英文在全球经济交流中的重要性越来越明显,而商业英语也日益受到人们重视,因为人类越来越意识到在经济商贸上同世界各地公司、客户之间开展更高效的信息沟通与交流,单纯依赖普通英文是远远不够的。为了适应这一需要,商业英文也开始逐渐"独立",并逐步发展成一个崭新的专业。即使是在那些以英文为母语的发达国家,不少高校也纷纷开办了商业英语。在伦敦,牛津、剑桥等在全球发行了大量全球性的商业英语试卷;在全美,哈佛、斯坦福、伯克利大学等国际知名学校均开办有商贸英文的课程，在美国普林斯顿大学也形成了以商贸英文为中心的海外交易英文测试中心，商贸英文也获得了更多人的认可。在中国，由于改革开放深入推进，尤其是伴随中国进入世界贸易组织之后，更多的海外大公司到中国建立了分支机构，中国公司所参加的国际贸易项目也日益频繁，对商务英语专业学生的要求呈现递增趋势，这商贸英语学科的蓬勃发展提供了更有利的外部环境。

据不完全统计，目前我国已有近700所院校开设了商务语言学科，其中大部分为高职学校。但是，对于中国许多高职学校而言，商务英语专业仍处在萌芽与摸索发展阶段，对这一"新生儿"的理解也还存在着很多欠缺。目前，在中国高职商务英语专业的教育实施中，主要存在着如下问题：

1. 专业性质不明确

对于中国高职商务英语学科的具体性质，国家教育部目前还不能做出具体的界定；对商务英语教学也缺乏统一的规范，从开设要求、学科设置、教育目的、教学大纲、教师考核标准等方面，均缺乏具体的规范。这就要求所有设立这一学科的学校言各有依，根据自身的历史理解以及各学院的现有办学条件去组织课程。但关于学科发展的基本问题，还不能形成共识——在课程中究竟要以英文为重，还是以商业为重？要么倾向于英文，要么倾向于商业，还不能把二者有机地融合起来。

2. 专业特色不明显

由于受到中国传统的现代语言文学课程办学模式的影响，再加上部分教材管理工作人员和任课教师对一般高等职业院校对于商务英语的教育指导思想以及实际教学经验依然存有理解上的误区，导致商务英语专业"职业"特点不明显，未能很好地反映职教的整体办学宗旨。具体表现在以下方面：①人员培养目标定位不精准，培训规格要求不明晰；②高等教育人才培养方法沿袭一般高等院校英语专业教学模式，课程采取饱受诟病的本科生"压缩饼干"管理模式；③对实践性教学注重不足，没有完整的课堂教学系统和实习实训场地；④教材不符合高职高专"实用性为先、够用为度"的基本特点，且过于注重专业性；⑤缺少与公司内部的有效协作和区域针对性合作，在企业调整人员和设置新学科专业时，由于无法正确掌握市场经济情况和各个区域经营环境，对商业英语专业人员水平的要求有着很大差异。

（三）高职商务英语专业建设思路

1. 加快师资队伍建设，提高教学水平

促进商务与英语学科的发展，必须要有一支具备坚实英语语言功底、深厚的商业理论基础知识、有一定的商业实践，而且具有较强的实际教学指导才能的长期稳定的教师队伍。

2. 创新教育思想，强化对学生整体技能的训练

针对商务英语目的性和实践性强的特点，在重视对学员英文口语技能训练的同时，还能提高他们对商贸专业知识的系统了解与灵活运用，但不可忽略对他们综合能力的训练。

3. 制定合理的课程目标，优化课程设置

因为培养具备坚实的英文语言基础知识和英文运用能力，同时掌握大量的商业理论基础知识以及各类商业实战技巧的复合型人才，是当前商务英语教育的核心目标。所以，学校既要重视英文语言教学的设置，也要注意商务知识教学的设置与扩展，以提高学习者对实际岗位的适应能力。

4. 积极地探索新的模式，形成新的体系教学方法

为满足市场经济发展中对商务英语教学要求的转变，商业英语专业的教学方法需要从"以教师为中心"转成"以学生"为中心。

5. 选择优质课程，提高教育层次

教科书是反映教育理念、教学内容、教学方法的载体，选择优秀教科书在商务英语教育中不可或缺。教师在选用教科书时，应当注重课本的教学内容是否具有时代感，并紧随现代教育商务活动科学发展的脚步。

二、旅游英语专业

素有中国"朝阳产业"之美称的旅游业，在我国国民经济增长中发挥了十分关键的作用，已经变成中国21世纪初最有前景的行业之一。在我国加入WTO后，旅游业更是平添了一些新的活力。随着2008年8月北京奥运会的顺利召开，更多的外国游客纷至沓来，我国旅游市场的国外旅游者规模也急剧上升。据世界旅游组织的预计，2020年，我国将变成当今世界上第四大旅游目的地大国，这也要求我国旅游行业必须拥有相应的人才培养。而高职旅游英语专业就是这类培养的主要阵地，不过目前高职学校对旅游英语专业的培养还很难满足我国对旅游市场的人才需求。所以，学校要加强教育改革的力度，尤其是要强化实践性内容的教育，以反映职业院校的特点，使高职旅游英语专业人才能够掌握坚实的外语语言基本功和正确的职业知识观念，并具有相应的创业意识，为国家经济社会的发展做出必要的贡献。

（一）高等院校旅游英语专业的目标与特色

旅游英语专业主要是培养具备较高的英语水平和旅游管理知识，了解中外历史文化，熟悉国际旅游经营规则、营销战略和旅游规范，具备良好的交流才能和组织能力，能以英文为工具进行旅游管理工作，并具备一定实际能力和开拓创新精神的实用性、技术性

管理人才。

高职旅游英语专业的总体目标，是培养具备坚实英语语言基本功和合格的涉外旅游知识的高素质技能型人员，包括英语导游、涉外旅游接待管理人员等。同时因为服务的对象还包括海外友人等，该学科的毕业生必须具有较高的思想政治素质和国度、种族意识，也必须具有相应的跨文化认知意识，并熟悉客源地各国的风情文化。此外，毕业生还需要具有创新意识，能够灵活、快速地解决突发事件以及处理国际客户提出的需求。旅行服务业本来就充满变革，在涉外旅行岗位中也有很多变化的原因，旅行业务人才需要具有更多的综合素养以及较强的应变能力，以满足岗位的需求。

（二）高职旅游管理英语专业面临的困难问题

1. 培养目标不具体，订单式培养难以落实

高职学校设立的导游英语专业人才培养目标重点为英语导游与酒店旅游业务。不过，对于到底应该将他们培养成具备哪种素养、哪种技能的人，目前并没有统一的规定。此外，反映高职院校自身特点的"订单式"人才培养方法无法真正贯彻到实际中，院校与企业在协作的实践中无法形成共识，也往往造成企业需求的人才并不能培育起来，院校培育的人才无法零距离对接企业岗位需要。

2. 课程体系重理论轻实践，不能学以致用

据调查，中国高职学校旅游英语专业课程体系中重理论、轻实际的现象十分严重。学校教育重心仍然放在培养学生英语的语言能力方面，教师过分注重学生口语的规范性，而没有相应的外语语言实验。课程体系中尽管也设置了一些实习课，但迫于条件约束，常常只是走走过场，流于形式；即使进行了英语实验教学活动，也很少围绕旅行服务话题而进行，这也导致学生在校阶段无法掌握适合涉外旅行职业要求的专业技能。

3. 忽视学生非智力因素的培养

旅游服务行业的工作人员需要具备较优秀的人际关系、协调能力，特别是涉外旅行，由于服务对象包括境外友人，更要求从业者具有较高的"情绪智力"，如情商。在高职的教学阶段，由于高中学生均已成人，因此高职学校也常常忽略对高中学生非智力因素的培育，并错误地以为对这些非智力因素的培育是中小学阶段的主要任务，因此课程教育中在对高中学生的非智力因素培育方面，往往重视得较少。

4. 忽视了学生创造意识与创造力的培育

在学校教育中，多年使用一成不变的教育方法与手段，遵循中国传统的教学思想，讲授传统理论知识；对学生的考核标准也只采取相对简单的管理模式，而很少重视对

学生创新意识与创造力的培育,使得他们在毕业走向工作岗位后,很难应对千变万化的市场。

5.教师队伍建设落后,质量无法提高

担负着高职旅游英语专业教学任务的大多数老师都是学习"纯语言"出身,没有进入旅游领域实践的机会,因此掌握涉外导游专业技能的人才总量严重不足。此外,因为老师负担重,极少有机会出去深造,他们所掌握的学科体系常常与现实脱节,滞后于社会发展。

(三)高职旅游英语专业人才的培养途径

高职专业培养的主要是从事生产、服务、管理等岗位一线的应用型人员,这也决定了高职旅游英语专业主要是将毕业生培养成为"用得上,吃得开"的英语导游和涉外旅游业务人才。按照这样的要求,目前旅游英语专业教育中面临的问题需要从如下几方面来加以改变:

1.科学合理地设置教学,全面优化教育课堂

高职旅游英语专业的课程体系与教学内容都有其各自特色,课程内容必须要有一定职业导向性。高职旅游英语专业的教学宗旨应该确立在培养熟悉旅游专业,掌握语言听、说、读、写、译的基本能力,特别是口语交际技能的旅游英语人才。而课程设置也必须在注重对学生语言运用技能训练的基础上,确立以旅游职业岗位基本知识、能力为关键,以培养应用型人才为宗旨的教学原则。从旅游企业的实际要求和对学生的反馈信息分析,很大比例学生的英语口语水平并不能满足涉外旅游企业的实际需要。所以,必须要加强读、说等能力的训练力度,口语教学也应该贯穿于整个培训流程;尽可能聘用来自英、美等先进国家的外教作为口语授课老师,使学习者可以接触到纯正的英语口语培训;在教学方面,要将基础知识掌握到"够用"的范畴之中,并增加英语导游、旅游业务等基本知识的场景模拟训练。

2.加强实践教学,落实培养目标

旅游学校英语专业要突出学生职业能力的培养。学校改变了传统的教学方法,将理论教学活动与实践性课程有机融合,尽可能地强调学习者的积极性、理论课程的实践性、老师作用的指导性和教学方法的实用性,其中心任务是培养学习者的主体作用。通过举办相应的校内外活动,来调整大学生的主动性与积极性,从而提高教与学的互动度。学校实践性项目主要有英语角、英文沙龙、英语演讲大赛、英语辩论赛、校内模拟英文导游等项目;校外实践主要是与涉外旅行公司联合,让学员随外籍旅行团在资深英文导游的帮助下,亲自感受英文导游活动,甚至在涉外旅行服务单位实践,和外籍游客面对面

的交流，以提高和训练学员的外语水平和职业能力。

3. 强化学生服务意识的培养

高等院校旅行英文专业培养的人才必须工作于一线，既垂直面向中外旅游者，同时他们又是国外友人认识我国、了解中华民族文化的一个窗口。所以，大学生除必须拥有坚实的工作功底和娴熟的工作能力之外，还必须拥有较高的情商。非智力因素在其所从事的酒店导游工作和旅行工作等岗位中十分重要，并规定在工作中必须真诚守信用、热心豪爽、乐意帮助、能吃苦耐劳、有耐心。要将"我为人们，人们为我"的工作信念扎根在每个学员的头脑当中，就必须在教学中、活动中切合实际地指导学生，让他们更喜欢以提供优质服务为理念的服务工作岗位，而旅行业的经营重点就是高品质咨询服务，具备优秀的服务质量能力是创建并提供优质服务品牌的前提条件与基石，是服务行业发展壮大的重要基础。

4. 重视学生创新能力的培养

旅行服务业是一种生机勃勃、富有挑战的产业。客人来自五湖四海，背景复杂，服务是动态的，旅行业也召唤着创新性人才培养。创造力蕴藏于每个学生体内，只有在恰当的条件和环境下创造力才会被激发。在日常教育中，要通过各种方式来启发和激活学生的创造意识和创造力，如参加外语演讲比赛、外语辩论、话题研讨、个人主题汇报、讲故事、项目策划等教学活动。案例教育也是培育学生创造意识的重要途径，通过剖析成功或失败的酒店旅行业务个案，使学生在个案的解决方案中感受到创新的重要性，从而获得创造的快乐，并激励学生创造的激情。创造服务内涵，在服务中再创造价值是中国旅游行业永远的话题。

5. 注重"双师型"教师队伍建设

我国旅游英文知识的教学特点要求老师不但要具备坚实的外语语言基础，同时还要具备与本知识相关的知识和基本功，即"旅游＋英语"的复合型课堂教学能力，也就是"双师素养"。由于我国旅行学科专业是研究型且实用性很强的学科专业，培育"双师型"英语专业师资团队，提升老师复合型课堂教学能力是十分关键的。"双师型"师资队伍能很好地把握知识讲授、技能训练与现实岗位需求间的关联，能更敏锐地把握专业发展的新趋势，使教学课程更为接近实践，让学生迅速地胜任职业需求。因此高职学校应加大对现有师资素质的培训，有计划地组织旅游英语等专业师资到旅行公司顶岗实习，以掌握实践技术。还可委托涉外旅行公司高管到校给老师进行短期培训，讲解涉外旅游公司行业的最新动向，甚至到校兼职承担实际教学任务，直接对他们开展现场操作技术训练。

6.结合地方特色,开发校本教材

根据当地旅游资源的特点,学校开设了校本课程,这也是职业教师积极服务于区域经济发展的表现。本校课程既可以调动学生对学习的激情和求知欲,又可以给学生实习实训工作带来方便。因此本校课程应当与时俱进、动态建设,在实际使用过程中不断丰富与完善。

高职旅游英语专业是发展前途广阔但必须进一步改造与发展的朝阳学科。我们坚持开门办学,向企业学习,向社会学习,特别关注国际导游业务一线工作的实际情况,将课程设置、教育理念、教学模式、校本课程建设、教师专业建设等都放在动态发展的大环境中去考虑。既要狠抓外语的基础教育,也要狠抓导游专业知识训练,强化实践性教学改革的力量,进一步推行全人化教学的教育理念,努力培养涉外导游服务业发展所必需的高层次技能型人才。

三、英语教育专业

自 2003 年起,由于一般中等师范的逐步停办与转制,在全国基本完成了由三等师范向二等师范的转变。目前,我国仅剩为数不多的高等师范专科学校、一般高等职业学院,以及部分具备师范类背景的新升格本科生学校提供了专科层次的英文教育学科(从 1998 年以来,我国教务处发布的一般高等院校本科生专业目录中也已删除了英语教育专业),但由于本科生学校中师范类学科的扩招和社会各界对小学教师学历水平与素养提出的更高需求,为专科层次高校培训小学英语专门师资的任务,或许在不久的将来也会完成。不过,因为中国各地方的基础教育发展并不均衡,在一段时间内,我国中西部地区的部分基础教育欠发达地区对专科阶段的学校英语师资尚有相当数量的需求。另外,社会上的民营教师培养机构每年也要吸收一些英语教育学科的毕业生。对报考高职高专院校的学子而言,英语专业课程仍是有着很大吸引力的热门学科之一。随着学校教学理念的改变以及现代教育工作中信息的发达,学校基础外语教学发展,对肩负学校英语专业教师培训任务的全国师范院校英语教育学科教学提出了巨大的挑战。

(一)基础英语教学的发展趋势

1.教学目标多元化

传统的英语教学只是"为了学语言而学语言",既割裂了口语教学和知识结构与情商训练之间的关联,又未能全面关注学习者的身心特点,最终造成学习者各项能力的畸形发展。

2.教学模式多样化

以往的教学方法，单纯的"传授接受式"居多。该教学模式过于程式化，将教师专业知识与口语能力的练习分开，与高职学校特点脱节，又与学校教育发展的整体性相背离，不利于更高效地发挥学员的口语才能。

3.课程评价多元化

从单纯的关于语言基础知识掌握程度的知识性测评方法向更关注学习者综合使用语言能力的多元化测评方法转化，从单纯的关于结果型测评向和生成性测评相结合的综合测评方法转化，更关注学习者在过程中的态度、参与的积极性、勤奋的程度、沟通的能力和协作的精神等。

4.课堂教学全英语化

外语教学中应尽量避免对母语词汇在教学中所形成的"负迁移"影响，在英语课堂进行教育过程中尽可能运用英文，以实现课堂教学英文化，有助于消除学生对母语词汇的依赖性和来自母语词汇的影响。使用全英语教学，将有助于训练学习者的语感，并进一步提高学习者对英文这门语言的敏感程度。

5.教学资源多样化

新的英语课程观是重视多元化的教育教学资源对英语学习者的重要性，重视通过开设和使用教育教学资源，帮助学习者尽量多地通过各种途径、用各种方式了解和掌握英文；积极地运用和发展各类教育资源，为学生自主学习创造条件。

（二）英语教育专业建设思路

1.制定切实可行的专业建设目标

相比一般本科学校的英语专业（高等教育方向），高职高专学院的英语教育学科建设也有它自己的特色。英语教育专业建设是为培养满足中小学教师英语教学活动需要的高素质技能型教育工作者，专业建设总体目标应当呈现"学术性""专科性"和"职业性"三个特征，学科专业的构建内涵应当包括人才培养计划、基础教学建设总体目标、教师队伍、评估标准和培养制度、实施课程体系等，涵盖人才培养的全部环节。

2.完善实践教学模式

英语教育是一种实用性很强的学科。实验课程是学校师资培训系统中至关重要的一环，通过定期安排学生在小学和幼儿园中开展教育教学见习活动和实践，检验学生学到的教育理论知识，在实践中锻炼和培养学生教育教学技能，以克服学到的教育理论知识和教学实际情况之间的脱节和学生从教后教学经验不足，以及教师课堂上教学效果不佳等问题。

3. 重建课程体系

就目前的趋势分析，在全国高职语言类学校中，英语教育专业的求职趋势是较为严重的。其主要问题是，普通师范院校历年有大批英语专业（教育方向）的本科生毕业，学生在语言水平方面都存在着相当的优势，怎样扬长避短使一般高职英语教育学科在激烈的职场争夺中取得一席之地，重构英语专业教育学科的课程体系显然十分必要，其重点就是提高学生的教学实战水平。

4. 改革教学方法与教学模式

教学上将以学生为主体、老师为其他主体，将完全转变过去以老师为核心的模式。老师的功能，主要就是学习者在整个过程中的指导人、合作伙伴、支持者和咨询服务者。不论是教育教学技巧还是英语专业技能的培养，都需要学习者经过大量的训练才能完成。所以，老师应该尽量多地给予学习者充分的思考时间、活动空间和展示机会，让学习者大胆地尝试，从而创设出一个平等、民主、快乐的学习气氛，并尽可能地充分调动学生的积极性、学生对练习的主观积极性，使学习者完成基础知识掌握和综合素质养成的全过程。

第三节 高职英语课程设置

一、什么是课程设置

教学设置是指对各级各类院校设立的教学科目、教学时间，以及开课的时间先后顺序的规划与设置的总和。设置既应当适应目标的特点，也应是目标在课程计划中的具体化。各种学习课程间要连贯有序，让使用者经过课程中的教学和锻炼，逐步了解某一课程中所具有的知识和技术。

高等院校教育教学课程是指对高等院校教育中课堂教学、课外学习和学生自学等教育实践活动的整体规划。在高职教育教学课程的设计中，不但要将关于能力养成的课程作为主干课程，还应该将关于能力养成所需要的有关专业知识的课程作为辅助，使教学课程设计构成一个比较完善的体系，让学生能力的养成有一个更加丰富的专业知识背景。

课程设置是中国高职学校培育高级技能型人才的总体规划，是为达到人才培养目标所需要的课程科目及其目的、教学内容、时间和任务完成方法等在教育总体规划中的具体体现。高职教学的课程应当以就业为导向，以市场为基点，按照企业、行业、职业、技术人才的特点，设计教学结构系统，并最终根据学员的实际工作岗位定位与专业技能的有机衔接，确立能力培养目标，让学员逐步掌握职业经验，最后实现职业目的。

职业素质教育课程，将以"职业群"对素养、学识和领导才能的共同要求为出发点，以职业素养与职业能力训练为主线，在课程中充分发挥三种功效——提高学生的职业能力、推动学生的智力发展与推进学生的人格完善。

二、高职课程设置的理念与原则

（一）理念

1. 动态性

因为高职院校受国民经济发展趋势、产业结构变化和社会需要的影响很大，它如何存在与发展决定了教学内容是否能随着社会、经济与科技的发展而进行适当的调整。课程设置直接影响高职教学的主要内容。课程设置不能一成不变，而应该在保证内部相对平衡的前提下，依据当前市场经济发展的动向，预测市场上对该行业人员知识、能力与素质结构需求的变动情况，"与时俱进"地进行适当调节，使课程的设置可以更加适应市场需求。

2. 整合性

专业课的开设要立足于社会主义市场经济条件下，人员的职业流动性和多部门职业的发展实际，注重培养学员具备更广泛的知识与能力，进一步扩大学科口径，拓宽各学科的知识覆盖范围，努力做到"复合"。学科设置应进行科学、有机的结合，删繁就简，进行模块结合，以释放更大的知识空间。

3. 创新性

高职教学要为社会市场经济服务，符合职业活动特点。为适应学校创新立业的需要，学校应当在学科设置上有所创新，走"专""特""新"的发展道路，以职业为导向，针对社会经营、劳动力市场与特殊岗位职业教育等对教学工作的要求，着力开发新的课程体系，达到学校以创新求发展的总目标。

4. 超前性

紧随时代脚步，贴近国际市场办学，正确处理好现代科学技术和传统文化意识的联系、现代科技与传统文化科学技术的联系，及时掌握有关学科的最新理论和发展动向，并适时更换教学内容，增开新的基础教学和新的实习项目。力求使教学内容的设置紧跟时代发展与科技发展，充分体现本学科的新知识、新技能、新工艺和新技术，从而突破陈旧的传统文化教学内容的禁锢。

（二）原则

1. 开放性

要求对课程体系的安排必须具备相当的弹性与灵活的调整机制，并能够根据整个社会的发展、技术的发展和市场需求迅速地反映，准确反映社会要求的变化趋势，以适时完成对教学内容的调整更换。

2. 适用性

高等职业教育学科的开设方向与职业岗位有关。其学科定向贴合社会的生产实践与职业分工，以职业岗位上所要求的专业技能为依据，努力做到"按岗定课""岗课一致"，以培育高技术应用型人才培养。

3. 个性化

因为高职学校生源复杂、档次参差不齐，学员在就读过程中体现出很大的个人差距。高职课程设置时要充分考虑受教育者当前学业水平的不同以及将来的职业、转岗工作的需求，并针对学习者的不同阶段、不同兴趣设定选修课，让学生可以根据不同的职业走向个性化成才。

4. 实践性

高职教学的实践性特点具有智力性和创新性特征。这就需要高等职业院校的课程设置中坚持专业化与应用性，突出职业地位技能训练，高度重视认识性学习、专业知识培训、毕业设计和顶岗实习等教学实践环节，以全面提升学员的职业竞争能力与岗位适应性。

三、高职课程设置的特点

美国的职业教育学者柯蒂斯 R. 芬奇和温斯顿·R. 克伦基尔顿，把美国职业教育课程的主要特征概括为：定向性（Orientation）——直接面对产品或就业机会；适应性（Justification）——根据某个领域的特殊职位要求；针对性（Focus）——通过有助于学习者群体建立广泛的专业知识、技术以及良好的心态和价值观，提升学习者群体的能力。业内知名专家学者姜大源把职业教师培训的特色概括为以下几种：

（一）定向性

首先，职业教育的主要培养目标是在生产线上进行作业、服务与管理等工作的技术应用型人员。因此，需要针对不同职业领域及基本的职业活动确定课程目标。其次，高职课程体系必须反映区域、产业特点，具备地域、产业定向特性。

（二）应用性

课程内容重视直接经验的获得，重视职业技能培训，课堂中传达的重点是能在产品、业务上进行运用的专业知识、技巧与态度。

（三）整体性

现代职业教学力求形成一种由教学组织与评估过程构成的整体的教学系统，而这个整体特征也就是整个职业活动体系（包括计划、实施、评价）最整体的表现。

高职院校主要的办学宗旨之一就是服务于区域发展。为适应区域经济社会发展培养具备实际操作水平的技能型人才，但地方特点也导致不同区域发展所要求人才培养水平的不同。所以，高职院校没有必要形成具有模式化的学科专业设定方法。形成各具特色的学科专业设定，才是真正体现职业院校自身特点的明智之举。高职学校的专业知识设定，怎样调整才能够更好地服务于自身经济与社会建设，同时也适应于高职学校的定位呢？其富有普遍性意味的基本原则就在于将学科面向和对应的职业所要求的综合素质加以划分，成为高校专业知识设定的重要依据与先决条件。

高职教学要培养服务于区域经济建设、满足企业发展需求的实用型、技术型人才，其重点就是让学员掌握实际工作岗位上所要求的专业技能。所以，能力训练特别是对实际操作能力的训练，是高职院校教育工作的最终目标与任务。在最初开展专业设置讨论和定期修改专门人才培养方案的时候，就必须将社会需求的专门人才规格分解成所需要的专业知识技术支撑模块，并与具体学科对应起来，使高职学院的课程彻底超脱于普通高校的模式化取向，旗帜鲜明地表现出灵活多样与实用型的特征。

高职教育有很强的职业导向性：人才培养的层次分明——主要培育实用型、技术型及应用类人才培养。学员在今后的工作中走向方向分明——面向基层、面向生产和业务一线。但是出于以上诸多因素，目前为高职学校培训的学员的能力与知识结构还不尽合理，从而造成了部分学员从业能力薄弱，无法满足现代经济社会发展的需求。所以，研究如何设置适应现代经济社会发展需要的高职学校专业班级，对提升高职学校人才培养水平有着很大的现实意义。

四、高职课程设置的要求和依据

学科设置是一个系统工程，其目的是为建立学校全面的知识架构和能力构建提供服务。在高职教学课程设置中，对知识架构与能力构建的设计应当合理搭配，不得偏离。按知识结构设置课程，要体现基础理论，突出核心学科，并体现出相应的知识覆盖面，为学校的持续发展服务。按能力构成设置课程，要体现高职教学特点，完善学科技术教学，进一步发展隐性教学，并着重提高学生的自学能力、创新性和质量等。

在《关于高等职业学校设置问题的几点意见》中对高等技术职业院校课程设置问题

的具体规定为:"课程主要是按照成熟的科学技术方法与管理规范,教育方案、课程设置等并非按专业特点来设置,而只是按相应职业岗位群的实际任职能力来设定;基础课可按专业学习需要调整,以必要和够用为度""实践性教学课时通常应占计划总时间的50%左右,实训课的开出率在90%以上"。

五、高职公共英语课程设置

(一)课程设置的理念

杨黎明老师曾表示:"高职教学的社会公共基础课和一般高等教育的社会公共基础课不尽相同,高职教学的社会公共基础课同样担负着双重功用,一方面它要为学习者人文素养提高做出贡献,另一方面它又要为学生相关专业课掌握提供保障。"身为国家培育和创造各种专业人才培养的重点基础学科,为了实现学校以职业发展为导向、培养基于社会实践岗位的专业技能的根本重要任务,高职学院的英语教学设置,必须树立以人为本、以学习能力为本的教学核心理念,强调学生实际操作技能训练,为专业技能服务,面向专业技能的人才需求。要鼓励学生在老师引导下积极地自学,让每个学生都成为专业知识的积极建立者,具备终身学习的基本力量。

1. 以人为本,因材施教

高职英语课程教学应本着"以身作则、允许差别、培养个人、着眼于未来"的教学原则,针对学习者的英文基本做到因材施教。在教学目标设置、教育过程、教学评估以及对教育资源的开发与利用等方面都突出以学习者为主导的教学思路,重视学习者个体差异,教学过程有的放矢,真正实现调动学生的学习兴趣、培养学习者语言能力的教学目的。

2. "实用为主、够用为度"

按照《高职高专教育英语基础标准》,英语本着"实用性为先、够用为度"的授课基础原则,在课程中正确对待听、说、读、写、译相互之间的关联,解决高职学习者羞于开口的障碍,提高学生的语言实践运用能力,为社会培训优质、高技术的应用型人才。

3. 推行"项目化"与"任务型"

以职业技能为主线,以项目为引导,以工作为主体,把任务教育贯彻于教育的全过程。英语课程以提高学习者的语言实践运用技能为宗旨,把职业技能教育需要的应知应会教学内容渗透到英语课堂之中。积极推行任务式教学方法,引导学生在老师的引导下,采用认识、感受、实践和合作等方法积极参加课堂教学活动,激发老师与学生两个层面的主动性,切实彰显学生的主体地位,发挥老师的作用,进一步提升高等职业学院英语教材的有效性。

4. 提高学生自主学习和终身学习能力

课堂讲练和自主学习相结合，训练学习者的自主学习能力和终身学习能力。高职英语课程必须注重语言教学的基本规律，注重语言教学基本技能的练习与提高、实践参加涉外交流活动时的口语运用能力并重。同时提倡学员利用限定的业余时间开展自主学习，逐步建立适应自身的英语学习方式，逐步养成自主学习与终身学习的基本理念能力，为将来的社会可持续发展奠定基础。

（二）课程设置的思路

专业设置的主要意图：为了体现高职英语的语言基础功能，为本科生的专业学习奠定了必要的语言基础与保证。适应各个学科对英语基础知识与技能的独特要求，为学习者的专业选择服务。推动学习者英语运用水平的提升，实现学习者的个人发展。

具体来说，分为下面五个方面：

1. 在课程目标方面

要转变过去过分强调语言基础知识传授的情况，注重在帮助学生掌握语言基本知识、语言技巧与综合语言才能的过程中，进一步开发学生的智力和人文情感，建立健康合理的人生态度和价值观，以培养学生的整体综合性人文素质。

2. 在课程模式方面

要改变过去过分强调应试能力和结构简单的情况，注重适应不同学校对职业选择、升学深造和个人兴趣和发展的要求，以显现英语课程结构的基础性、多元化和选择性。

3. 在课程内容方面

要转变过去过分强调书本知识的情况，注重英语课程内容同大学日常生活、现代社会和科学发展之间的紧密联系。注重学生的学习兴趣和经历，并且精选学生终身读书中所需要的知识和基本技能。

4. 在课程实施方面

要转变过去过分强调接受性学习和机械性训练的情况，注重促使学生养成积极、乐于探索和勤于动脑的学习方法，并注重训练学生运用英语收集和处理消息的能力、掌握新事物的能力、分析和解决实际问题的能力以及沟通协作的能力。

5. 在课程评价方面

要转变过去过分强调学生学业成绩的情况，突出教育科学性、鼓励性和发展性等原则，充分发挥教学评估在推动学生全面发展方面的重要功能。

这五个转变，归根结底，正是为了推动他们认识、技能、心态与情感上的和谐成长，让学生成为具有高贵品格与智慧才能、开拓创新的精神和实践意识，具有鲜明个性并善于协作的一代新人。

（三）课程定位

1. 课程性质

按照《面对二十一世纪推进职务改革的基本原则若干意见》的有关文档精髓，普通高等教育职业学校的英语单元是一项必不可少的公共课。从整体提高学生的综合素养水平来看，英语模块无疑是一项不能缺的教育课程。从提高毕业生的复合工作职业能力出发，语言单元也是一个关键的基础课程。根据高职学院的英语水平状况，怎样开展英语课程改革，怎样提高毕业生的语言能力，怎样通过英语课程的开展为学员求职拓宽渠道，怎样在"以就业为导向，以服务为宗旨"的背景下为扩大教学改革力量提供保障，成为摆在高职学院眼前急需探索的重大难题。

高职英语也是中国高等职业教学系统中一个主要的基础科目。英语课程通过讲授学生必需的语言基础知识，训练他们运用英文开展人际交往和对外技术交往的基本技能。同时也帮助他们了解英文自主阅读方式，从而训练学生的思维创新能力以及自主学习的集体意识和协作精神，为培育符合社会需求的高级技能及应用型人才服务。当学生在顺利完成学习目标之后，也掌握了必要的英文语言基础知识与技巧，并具备了较强的读写能力，甚至可以翻译常见技术性资料，撰写常见应用文，从而为学生今后进一步深入掌握与应用英文奠定了更加坚实的基础。

2. 课程作用

作为中国高等职业教育的一个主要公共基础课和专业基础课，高等职业院校英语课程的主要作用是：

（1）培养学生的语言能力

如何根据各学科特色，把学生英语能力变成"一专多能"中的"一专"或者"多能"中的"一能"，是当前英语课程改革的主要方向。高职学校英语课程的教学改革，要努力提高学生的英语综合能力，尤其是交际能力的形成水平，为学生的发展打好基础。

（2）服务学生的专业学习

使学习者在自身水平的基础上，进一步提高英文运用能力，熟悉本学科以及相应专业技能领域或职业工作中所需要的英文技能，提高听、说、读、写、译等方面的基本能力，使之更有效地服务于专业课程的教学。

（3）面向学生的终身发展

从英语课程的教学入手，力求提升学生的人文主义素养，向学生传递科学思维方法与解决现实问题的新思路与方式，为学生应对未来经济社会发展奠定素养基础与才能基石，推动学生的自主学习、沟通表达、主动提升才能、与人协作和解决现实问题等核心才能的不断增长。

（四）课程教学内容

1. 课程的内容与基本要求

高职学校英语课堂素质教育工作，应当以《高职高专教育英语教学基本要求》为依托，在单词、句法、听觉、口语训练、诵读、书写和译文等方面实现《基本要求》中所规范的课程目标。同时针对学习者在入校后的水平，重视学生个体差异，实行分阶段教育、差异课堂教学，对基础较差的学习者可适度增加在句法、语音等领域方面的基础性教学内容。在完成所规范的课程任务后，学习者的英语综合实践能力将基本可以满足B级别的需要。在进行课堂教学的整个教学过程中，老师必须始终坚持"培育应用型人才"的教育思想方针，确定"以使用为目的，实用性为先，够用为度"的课堂教学走向，秉承"打好现代语言基石，提高运用才能"相结合的教育理念。

2. 课程的重难点及应对办法

高职学校英语教学是一门语言知识与技术并重的公共基础课。教育的首要目标就是训练学习者英文综合应用才能，尤其是听讲才能，使学生在今后的实际岗位与社区交际中能够使用英文高效地完成口头与书面形式的沟通。母语环境下所有外语教学的重点与难点，是要把难以完全系统性、明晰化的语言知识转变为语言技能。所以，高职学校英语教学的重点与难点是促进语言知识向语言技术的转化。主要在如下几方面开展探讨与实践：

（1）转变教学观念

提出了"以学生为中心，以培养能力为重点，全面提高学生的文化素质"的教育思路，强调了学生的参与度、课程的实践特色和教学的实效性。以学生为主导，在注重群体发展目标的同时，注重个体差异，为学员提供个性化的学习支持。

（2）改革教学模式和方法

根据掌握、分析高职阶段学生英语学习的心理和教学基本规律，做好了学法方式引导。在教学上积极地充分调动了学习者的主观积极性，引导了学习者积极地参与课堂教学活动。实行"以学生为中心"的教学模式与方法，透过进行丰富多样化的课堂教学活动，让学习者在听、说、读、写、译等多方面综合发展。同时引导学生掌握新教学方式，逐步转换教学角色，转变被动学习为自主学习，并积极参与课内、课外的英语活动。

（3）改革教学手段

把现代信息技术、多媒体和互联网信息技术等融入外语教学，将能极大地推动高职专业英语课程在教师思维、教学内容、过程与方式等方面的根本性转变，也有利于培育现代信息经济社会发展所需要的、具备较高层次外语语言运用水平的人才。更为关键的是，利用多媒体手段可以扩大课堂教学信息量以及学生接触声音、图形信息的时机，使语音教学更加有效直接，可以扩大学习者眼界与知识面，还可以有效解决学生目前面临的应试教育的不良倾向。而利用网络教学平台则能够增进教师、学生之间的沟通互动，从而增加学习者的语音输出量，增强语言应用能力。

（4）建立有利于英语学习的校园环境

致力打造一个健康的英文学习环境。在这个环境与气氛中，从大一起让学生有计划、有安排、有指导地参加有关语言教学与语言实践方面的自主学习与第二课堂活动。让学生有目的地开展语言技术的锻炼，并注重发挥自己的某一项或多项语言技术能力，将所学过程变为学生在老师引导下的自主发展过程，为学生今后更深入的口语运用奠定扎实的基础。

3. 实践教学的设计思想与效果

高职英语专业的主要课程任务在于训练学习者使用语言进行人际交往的能力，这是一个以语言基础知识掌握为基础、以口语交际训练为目标的实用性较强的教学。但是因为时间限制，单纯通过授课以达到语言知识转换为语言能力的效果显然是不实际的，并且无法进行全面积累、内化与吸收。所以，高职语言实际课程系统的设置十分关键。

（1）实践教学的设计思想

实践课程的设计要基于对学习者英文综合应用才能的培训，尤其是听、说、译方面的能力。实践性教育的总体目标，就是通过锻炼学生主动学习能力和培养整体的文化素质，以满足当前经济社会发展和国际交流的需求。通过实践性课程的创设始终凸显学习者的社会主体地位，通过灵活多样地使用各种现代化的教学方法和授课手法，更能有效充分地调动学生的学习积极性，激发学习者的主动思维，充分调动他们的潜能，并重视对他们知识应用整体综合性才能的考查。

（2）实践教学的组织形式

如英语演讲、角色扮演、短剧节目、网上英文交流、导游实践、英文阅读报告会、英语演讲竞赛、英文晚会、英语角、英语演讲和社区调查等。

（3）实践教学的效果

通过丰富多彩的实践活动，可以给学习者提供更多相互交流学习的机会，营造良好的英文教学环境和氛围，从而调动学生学习英文的积极性。通过开展各类实践项目，学习者的主动学习能力可获得大大提高，知识实践运用能力也得以明显增强。同时还有助于培养学习者发掘问题、研究和解决问题的综合性素质。

4. 教学方法

高职的公共英语课程主要以教学语言为主，老师在授课过程中应注意听、说、读、写、译等的密切联系，并针对学生实际情况选用不同教法，使课堂内容生动有趣。在教育过程中要重视以下几个方面：

（1）处理好基础和能力的关系

打好现代语言教学基础是学校课程的主要目标，而打好现代语言教学基础则要遵循"实用性为先、够用为度"的课堂教学基本原则，注重现代语言教学理论基础与现代语言使用实践技术能力并重。在教学中，要注重把小语种知识的理论教学和实际使用相结合，并按照循序渐进的原则，在各个阶段对教师进行有针对性的培训。

（2）处理好教学和测试的关系

口语测评要注重考查学习者实际应用口语的能力，给教学改革和口语教学带来积极正面的反馈，为提高教学质量提供必要的保障。

（3）关注个体差异

各个学科和不同班级学生的英文基础知识也具有很大差别。从职高或大专进入高职专业的学员，基础知识一般比普通中学毕业生单薄，而工科专业学员的英文基础知识则相对较之人文科学生单薄，而艺术类专业的学员基础知识则较为单薄。在课堂教学中，教师应针对各个年级学员的英语水平因材施教，并合理增减课程，以防止课堂教学中存在"一刀切"的现象，以期获得最佳教学效果。

（4）突出学生的主体地位

教育活动中，在发挥老师指导作用的时候，也要注意发挥学习者的作用，以建立师生间互动的双向交流。要充分调动他们参加班级生活的积极性和主动性，来增强他们学习的积极性和信心。要注重面对全体学生，以人为本，因材施教，要根据学校语言教育的规律，加强对他们进行教育。

（5）采用现代化的教学手段

为打好语言基础，训练学生语言使用能力，提升文化素质，在课堂教学过程中应以教材为纲，积极地应用现代化发展的教育技术手段。如录音、视频以及多媒体光盘、电子教材等，生动直观地向学生介绍语言在现实交际中的使用，并创设良好的英文学习气氛，进行双边或多向互动，同时开展内容丰富的口语实际练习，以培养学生综合使用英语的基本能力。

第三章　高职英语教学基本模式

第一节　分级教学模式

所谓分级教学模式,指的是以学习者的学习水平和学习潜能为标准,将学习者划分为不同的层次,并在此基础上开展相应的教学活动。因此,分级教学模式体现了因材施教的教学理念,其最终目的是让不同层次的学习者在自己的起点上取得进步。

一、分级教学模式的理论

分级教学模式是教学者根据科学的教学理论开发出来的,主要包括i+1语言输入假设理论、学习迁移理论、掌握学习理论。

(一)i+1语言输入假设理论

分级教学模式以克拉申的i+1语言输入假设理论为重要的理论依据。该理论对分级教学模式的影响主要表现在以下两个方面。

(1)从课程理论角度来看,i+1语言输入假设理论不仅注重知识的获得,更注重学习者获得知识的途径。具体来说,i+1语言输入假设理论强调学习应采取循序渐进的步骤、方法和过程,这正是分级教学模式的精髓。

(2)从教学实践来看,分级教学模式根据学习者在性格、动机、态度、认知风格、语言技能等方面的差异来确立不同的教学目标、要求与方法,符合i+1语言输入假设理论的要求(杜秀莲,2011)。

(二)学习迁移理论

学习迁移指的是已学得的学习经验对如今学习的影响,一般包括两种影响:当之前的学习经验对学习起到促进作用时,便是正迁移;反之,起到抑制或干扰作用时,则属于负迁移。

奥苏伯尔的认知结构迁移理论认为，学习者头脑内的知识结构就是认知结构。当学习者对新知识进行同化时，其原有认知结构在内容与组织方面的特征就是认知结构变量。奥苏伯尔提出了影响新的学习与保持的三个认知结构变量，通过操纵与改变这三个认知结构变量可以进行新的学习与迁移。以奥苏伯尔的认知迁移理论为基础，把对原有知识掌握水平相当的学习者安排在一起组织教学，即采取分级教学模式，能够促进学习的正迁移，取得较好的教学效果。

（三）掌握学习理论

美国心理学家布鲁姆（B.S.Bloom）的掌握学习理论认为，学习者成绩不理想不是因为学习者的智慧欠缺，而是由于欠缺完备的设施与合理的帮助。当具备适当、合理的学习条件时，绝大部分学习者的学习能力、速度与动机等都会变得十分相似。因此，采取分级教学模式可为不同潜质的学习者提供多样化、个性化的教学手段，从而尽可能地将学习者的潜能挖掘出来。

二、分级教学模式的原则

分级教学模式在具体实施的过程中需要遵循一定的原则，主要包括循序渐进原则和因材施教原则。

（一）循序渐进原则

循序渐进源自宋朝朱熹的《朱子大全·读书之要》。朱熹在总结自己的读书方法时提出："循序而渐进，熟读而精思""未得乎前，则不敢求其后，未通乎此，则不敢志乎彼"。

遵循循序渐进原则，就是指教师在传授知识时，既要尊重知识的内在规律，又要采取相应程度的学习者可以接受的教学形式。分级教学模式使教师得以在学习者英语知识体系的基础上进行教学，采取适合学习者的教学方法，从而使学习者逐步提高语言技能。

（二）因材施教原则

孔子曾提出"柴也愚，参也鲁，师也辟，由也喭"。朱熹将其概括为"孔子教人，各因其材"，由此产生了"因材施教"的说法。所谓因材施教，是指教师要从学习者的实际出发，有的放矢地进行教育。

由于环境、教育、学习者本身的实践等方面的不同，学习者之间必然存在一定的差异。近年来，随着扩招政策的推进，越来越多的学习者得以接受高等教育，但不同学习者在英语水平方面的差异却不容忽视。在这种情况下，如果不对这种差异性进行充分考虑就把英语水平悬殊的学习者安排在同一班级，很容易出现程度差的学习者"吃不消"、程度好的学习者"吃不饱"的尴尬局面，进而造成教学资源的巨大浪费。而分级教学模式承认学习者之间的个体差异，可以为学习者提供满足其自身需要的教学条件，从而取得理想的教学效果。

三、分级教学模式的实施

分级教学模式的实施可以从以下几个方面着手。

（一）合理、科学进行分级

分级教学不要求全体学习者实现同一目标，而是按照不同的级别制订不同的教学目标。因此，进行合理、科学的分级是分级教学模式取得实效的前提。

为此，教师应采取科学的分级试题和分级标准。具体来说，教师应以《大学英语课程教学要求》中的各级词汇量为基础来组织分级试题，同时应注意题目的层次性。分级标准则应对分级测试结果、个人实际水平、个人意愿等因素进行综合考虑。

在具体的教学实践中，将学习者分为 A 级与 B 级两个级别较为合理。此外，为缓解 B 级班学习者的心理压力，调动他们积极的学习情感，教师可利用周末时间为他们补课。这样，B 级班学习者可以尽快达到 A 级班学习者的水平，从而在同一起跑线上竞争。

（二）提高分级区分程度

高考英语成绩与摸底考试成绩是很多院校进行分级的标准。但是，常常有一些学习者因为几分之差甚至一分之差而没能进入 A 级班，而这几分之差往往很难说明英语水平的高低。因此，为了提高分级的区分度与合理性，可在分级时听取学习者本人的意见，进行双向选择。学习者往往对自己的实际英语水平与兴趣点有较好的把握，他们由被动接受转为主动选择，不仅可以增强他们的主体地位，还可以提高他们在后续学习过程中的自觉性与积极性。

（三）实施升降级调整机制

实施升降级调整机制，就是对学习者的学习程度进行动态管理，使学习者的级别随学习的兴趣、成绩及能力的变化而变化。具体来说，当 B 级班学习者取得进步，达到 A 级班学习者的水平时，教师可将其升入 A 级班，以激励学习者取得更大的进步。当 A 级班学习者未能取得进步，且成绩滑落到 B 级班学习者的水平时，教师也可将其降入 B 级班，以给予其适当压力。

需要注意的是，进行升降级的调整应坚持选拔与自愿相结合的原则，且应在一定范围内定期调整，不可过于频繁。

（四）制定科学的评价标准

在分级教学模式下，不同级别采用不同难度的试卷，这就很容易造成一种不良现象，即英语水平高的学习者所取得的英语成绩竟然低于部分英语水平低的学习者。为了提高评价的科学性，教师可采取以下两种措施。

（1）教师可以采取总结性评价与形成性评价相结合的方式来确定最终成绩，具体办法是增加平时表现在总评成绩中的比重。

（2）教师可以根据各级别试卷的难度设定一个科学的系数，通过加权算法从宏观上调整两个级别的分数。

（五）尽量避免负面影响

任何事物都是优势与缺陷的集合体，分级教学模式也不例外。作为英语教学改革中的新生事物，分级教学模式不可避免地会带来一些负面影响，如操作过程较为复杂、考勤管理较为烦琐、学习者产生不良情绪、班级归属感降低等。这些问题若得不到及时解决，会给分级教学模式的推进带来阻碍。因此，教育管理者需要制定相应的制度进行规范，并根据遇到的问题及时调整，从而将分级教学模式的不良影响控制在最小范围，将其优势最大限度地发挥出来。

第二节 模块教学模式

模块教学模式是高职英语教学改革的重要组成部分。这是一种系统性的教学模式，以高职英语教学为系统，将其分为知识、技能、拓展三大模块，并在不同的学期中进行有针对性的教学，从而最终提高学生的综合语言应用能力。

一、模块教学模式的定义

随着英语教学改革的推进，英语教学系统发生了重大的改变。英语教学向着能力化、技能化、多样化、信息化的方向发展。英语模块教学模式就是在这种转变中被提出的，因此其在一定程度上反映了时代发展对高职英语教学的要求。

所谓模块教学，指的是通过一个能力和素质的教育专题，在教法上强调知能一体，在学法上强调知行一致。[①] 模块教学模式主张提高学生的素质和具体技能，教学中通过集中开展理论、技能、实践等活动来实现教学目标。

---

① 李晓梅，罗桂保.模块教学：大学英语教学模式的新探索[J].河西学院学报，2011（3）：104.

高职英语模块教学能够丰富英语课程，实现课程的多样化。对于学生来说，模块化的教学形式通过形式丰富的课程，便于提高学生对英语学习的兴趣，调动其学习的积极性。随着现代科学技术的发展，英语教学课程的固定化越来越难以适应社会形势。高职英语采用模块教学，也能在一定程度上使英语教学贴近时代发展，增强人才培养的时代性。

二、模块教学模式的开展

对《大学英语课程教学要求》进行分析可以看出，其对英语水平的划分提出了不同的能力要求。在这种多层次的要求下，高职英语很难通过一整套教学实现人才的全方位培养。英语模块教学模式主张在一定时期内对学生进行阶段性目标的培养。这种观点正好迎合了教学要求。

由于模块教学模式是对整个教学系统的管理，因此其在实施过程中需要教学工作者进行科学设计。学者李晓梅、罗桂保对英语模块教学中的模块分类进行了划分，如表3-1所示。

表 3-1 英语模块

基本分类	更细的模块分类
知识模块	语音模块
	词汇模块
	语法模块
技能模块	听说模块
	阅读模块
	写作模块
拓展模块	翻译模块
	各门外语类选修课
	第二课堂活动

下面以拓展模块为例，对模块教学模式进行分析。拓展模块主要是对学生的能力进行拓展，因此可以开展丰富多样的课程，具体可以包含以下几个方面。

模块1：开设应用专业型英语后续课程，如时事新闻、商务英语、旅游英语、经济英语、法律英语、商务信函写作、实用英语写作等。

模块2：开设实用技能型英语后续课程，包括日常口语提高、高级口语、听力提高、演讲、视听说、高级写作等。

模块3：开设跨文化知识型英语后续课程，如介绍各国文化、常识、思维方式、价值观、民俗、礼仪、历史、教育、宗教，对比传授中外文化、跨文化研究等。

模块4：开设欣赏型课程，内容包括欣赏电影、音乐、神话、小说、诗歌、散文、演说等。

模块5：开设综合考试型课程，包括继续通用英语的深入学习、考研英语、雅思等各类出国考试的培训。

上述模块依据学生和社会的需求，以语言实践为目的，实现提高学生的实际应用英语能力、语言能力和文化修养、专业信息获取能力、语言表达能力，从而适应社会需求。这样的拓展模块设计，细化了学生对高职英语教学的需求，在整体上建立和完善了与传统高职英语教学体系完全不同的高职英语拓展模块体系。

第三节 研究性学习教学模式

教育部高等教育司于2007年颁布的《大学英语课程教学要求》明确指出："教学模式改革的目的之一是促进学生个性化学习方式的形成和学生自主学习能力的发展。"因此，在高职英语教学中充分利用网络资源，开展研究性学习，恰好与高职英语教学改革的总体要求相吻合。高职英语研究性学习是当前高职英语教学改革的大趋势，是培养创新人才的有效途径，目前在很多高职得到推广和实施，并取得很好的教学效果。本节重点介绍研究性学习教学模式。

一、研究性学习及其教学模式的定义

20世纪五六十年代，美国芝加哥大学约瑟夫·施瓦布（Josef Schwab）教授在《作为探究的科学教学》的演讲中首先提出了研究性学习的概念。施瓦布认为，学生的学习过程与科学家的研究过程在本质上带有相似性，因此学生应该在日常学习过程中努力发现问题、解决问题，以期获得知识，提高自身的语言能力与研究技能。上述观点在20世纪80年代的国际教育界得到了广泛的关注。

关于研究性学习的含义，很多学者都给出了自己的看法。例如，钟启泉认为，研究性学习是学生在教师指导下，从学生生活和社会生活中选择和确定研究专题，主动地获取知识、应用知识、解决问题的学习活动。叶平、姜瑛俐认为，研究性学习教学，顾名思义就是学生在教师的指导下，以类似研究的方式进行学习，从而发挥主观能动性，进行知识的获得与吸收。这种教学模式的本质，是让学生在"再次发现"和"重新组合"

知识的过程中进行学习。①本书认为，研究性学习基于建构主义心理学和发现说，是一种以学生为中心，以自主学习为主要路径，以能力培养为价值取向，重视探索、研究、发现等学习实践过程的一种开放式教学和学习方式。②

总体来说，对于研究性学习的定义，学术界存在以下两种观点：

（1）研究性学习是在开放的教学环境中，以培养学生研究式学习方式为目标的定向培养课程。在研究性学习教学中，教师需要使学生了解不同的研究方法，从而提高学生的研究技能与学习能力。

（2）从狭义上来讲，研究性学习是相对于传统的接受性学习而言的，其通过使用探究性学习和教学方法来提高学习者的学习能力。

研究性学习以自主性、探索性、开放性及创造性为特点，通过学生亲身实践获取直接经验，养成科学精神和科学态度，掌握基本科学方法，提高综合运用所学知识解决实际问题的能力。和传统的英语教学模式不同，在研究性学习教学模式中，学生是学习的主体，是知识的主动建构者，而教师是教学活动的组织者、引导者和促进者。在这种教学模式下，师生关系能够得到和谐的发展，师生通过主动的积极建构进行知识的学习。

总而言之，研究性学习教学模式，是指在创新性教育观念的指导下，以建构主义心理学和发现说为理论基础，坚持以学生为中心，以自主学习为主要路径，以能力培养为价值取向，重视探索、研究、发现等学习实践过程。③

二、研究性学习教学模式的意义

研究性学习教学模式是一种新的知识观、教学观，是高职英语教学改革的重要模式之一。研究性学习教学模式主张学生的平等参与，对学生进行能力教育，同时其学习方式向着深度学习转变，使学生真正成为学习的参与者。下面对研究性学习教学模式的意义进行总结。

（1）研究性学习教学模式能够进行知识观的建立。传统的英语学习是一种旁观性的学习。学生对知识的吸收主要通过被动的记忆与课堂教学。研究性学习教学模式开展的前提是对学生的知识观进行改变，从而建立一种新型的主动的知识观。在研究性学习教学中，学生能够真正有效地参与课堂活动，从而将课堂知识内化为"个人知识"。在这种模式下，学生的参与意识得到激发，会在学习中注入自己的热情、经验、品位等。

① 叶平，姜瑛俐.研究性学习的原理、方法与实施[M].武汉：湖北教育出版社，2003：4-17.
② 胡瑞霞，蓝兰.在大学英语中实施研究性学习的反思[J].海外英语，2012(21)：39.
③ 于琴妹，鲁吉，王毅，等."研究性学习"视听说教学模式下听力教学成效实证研究[J].外语电化教学，2013(154)：44.

（2）研究性学习教学模式能够建立一种新的课程观。传统的高职英语教学主要受知识课程观的影响，教学中将关注点放于教学目标与结果的完成上，致使英语课程带有控制性与封闭性。而研究性学习教学模式则以能力课程观为指导，在教师的引导下，学生能够根据自己的兴趣、爱好进行不同的课题研究，从中培养自主学习能力、独立创新能力。

研究性学习教学模式的课程观尊重并鼓励学生的个性化，主张在开放的教学环境中进行活动的展开，反对在教学中过多渗透成人的经验与文化，而以学生的经验为核心进行教学的展开与实践。学生角色的转变能够使学生对学习进行批评与反省，从而对知识进行重新理解与吸收。

（3）研究性学习教学模式能够建立一种新的教学观。研究性学习教学主张对学生世界观、学习观和知识观的重新建构，通过在情境中展开教学，提高学生的主动性与社会性。这种教学模式以理解现实世界为目的，是一种应用性很强的教学形式。

在研究性学习教学中，教师通过探究的方式进行教学的组织与知识的传授。师生之间是一种平等、互助的关系。教师通过对教学的引导能够开发学生不同的特质，从而形成个性化的教学。

三、研究性学习教学模式的展开

研究性学习教学倡导以开放的教学环境为依托、以学生能力的提高为目标展开教学活动。因此其教学关键是对学生的实践能力与创造能力进行培养与提高。这种教学模式要求打破传统英语教学的束缚，关注学生的学习潜力与个性特点，从而使学生成长为拥有独立学习意识与自主钻研能力的学习者。通过对研究性学习教学模式的总体论述，下面对教学展开的几个重要方面进行总结。

（1）创设适合教学的问题情境。研究性学习教学模式主张对学生学习积极性和主动性的开发，因此在教学过程中创设一定的问题情境十分有必要。

适合教学的问题情境要能够引起学习者的求知欲望，通过将教学内容与求知心理的结合，让学生主动将自己代入学习中。同时，在这种教学模式下，学习者能够清楚地了解教学目标，因此其研究的欲望就能得到激发。教师在设计教学问题的过程中，需要考虑到问题的趣味性、挑战性，并结合学生的年龄特点进行开放性和实践性的教学。

（2）注意独立研究与合作交流的结合。研究性学习教学模式主张学生独立思维的培养，因此在学习过程中学生能够根据自己的经验对教学内容中的问题进行研究与发现。这种独立研究能够动用学习者的思维，是学习者主动建构知识的过程。这个过程和传统英语教学中被动的知识接受不同，能够使学习者感受到获得知识的喜悦，从而增强学生的自主意识和独立研究能力。

研究性学习教学模式还需要让学生在独立研究的基础上进行同学间或班级内的合作交流活动。在这种交流活动中，学习者能够展示自己的思维过程与研究方式，并吸收同学们研究的优秀之处。在交流与融合的过程中，学生的合作意识与语言运用能力都会得到增强，同时对班级凝聚力的形成也大有裨益。

（3）教师在研究性学习教学中的作用。在研究性学习教学模式中，教师的角色得到了改变，成为教学的指导者与促进者。相比传统的教学，这种开放性的教学环境对教师的要求有所提高。

研究性学习教学模式是一种新兴的英语教学形式，因此学习者很难在最开始完全适应，同时也不能领会到这种教学的目的与意义。在这个过程中，教师对学生的引导十分重要。教师需要保证一定的教学效果，同时不能过分干预学生主体性的发挥，因此这对于教师能力是重大的考验。

为了提高研究性学习教学模式的效果，教师可以利用一些新兴的英语教学手段开展教学工作。例如，教师可以通过多媒体、网络进行教学内容的展示，引起学生对其研究的兴趣。在学生研究的过程中，教师可以从中引导，并教授学生常见的研究方法。在学生学习结束后，教师还需要对此次教学的目的、研究内容、研究意义进行总结，从而使学生的学习主人翁意识得到增强。

四、研究性学习教学模式在英语教学中的应用

高职英语教学是学生提升语言能力的关键一环，在这个过程中使用研究性学习教学模式，能够提高学生的语言运用能力，为其以后走入社会进行语言交际打下良好的基础。

研究性学习教学模式是一种开放性的教学模式，在英语的不同学科中都能得到广泛应用。

（1）高职英语视听说课中研究性学习教学模式的应用。在传统的英语试听说课中，学生主动学习的热情不高，因此教学效果不理想。众多学者主张将研究性学习教学模式应用到英语视听说教学过程中，初步构建以"策略引导—多元互动—立体化"为特色的高职英语"研究性学习"视听说教学模式。[①]

通过对上述教学模式的分析，我们可以看出研究性学习教学的展开主要以学生为中

---

① 于琴妹,鲁吉,王毅,等."研究性学习"视听说教学模式下听力教学成效实证研究[J].外语电化教学,2013(154):45.

心，教师在教学中起到引导作用；同时，教学突破了课堂教学的限制，延伸到了课外，大大拓宽了学生的学习范围。

（2）高职英语语法课中研究性学习教学模式的应用。语法是一种规则性知识，教学相对枯燥，需要学生进行记忆，因此在教学中提高学生的学习兴趣与学习主动性，成为提高教学质量的重要途径。在高职英语语法课中，教师可以采用原因探究的形式进行教学。这种教学方式是半控制教学，可以通过以下几个步骤展开。

①教师创设需要解释的语法情境。

②教师要对教学活动任务进行解释说明，要求学生在后续练习中使用要学习的语法项目。

③教师提示不同的语法情况。

④学生根据自己的想象与语言基础进行解释。

这种研究性学习教学模式能够调动学生的积极性与想象力，对学生语言使用能力的提高也大有裨益。

（3）高职英语词汇课中研究性学习教学模式的应用。英语词汇具有一词多义的特点，在教学中无法穷尽每个词汇的每个含义，因此进行研究性词汇教学能够使学生自主探索词汇的含义与用法。这种方式在增强教学趣味性的同时，对学生词汇量的增加也有重要的作用。

研究性学习教学模式对高职英语教学有着重要的指导作用，因而教学者可以根据具体的教学实际与学生的特点展开有针对性的教学工作。

第四章 高职英语项目化教学模式

第一节 项目化教学解析

一、项目与项目化教学的内涵

"项目"在英语中翻译为project,《英汉辞海》给出了project的三个义项:(1)具体的计划或设计;(2)规划好的事业(如明确陈述的一项研究工作,研究项目);(3)课外自修项目,通常由一组学生作为课堂学习内容的补充和应用来研究的问题,往往包括学生最感兴趣的各式各样的智力和体力活动(王同亿,1990:178)。由于项目化教学是一种教学模式或教学方法,因此项目的定义第三种义项较为合适。

"项目"一词在教育领域内的应用最初出现在美国。1918年9月在哥伦比亚大学《师范学院学报》第19期上杜威的学生克伯屈(Kilpatrick)发表了《项目(设计)教学法:在教育过程中有目的活动的应用》一文,第一次提出了项目学习的概念。项目在教学上的本义是指学生自己计划,运用已有的知识、经验,通过自己的操作,在具体的情景中解决实际问题(马军,2011:22)。

项目化教学(project based learning,简称PBL),又被称作专题研究、项目学习、基于项目的学习。在香港和台湾被称作专题研习、专题导向学习、专案式学习、主体探索 等。各级各类教育中都有项目课程的身影,只不过表现形式不同。幼儿教育中体现为主题活动,基础教育中体现为研究型学习,高等教育中体现为课题研究,而职业教育中体现为职业的制作活动。

项目化教学是一种教育理念,可以细化为有效的教学策略和应用较为普遍的、标准的教学方法。项目化教学有先进理念的支撑,有教学策略的指导,还有教学方法和学习方法的实施程序和技术,因此项目化教学可以界定为一种教学模式或学习模式(杨文明,2008:94)。

香港教育署课程发展处（2003. http：//cd.ce.gov.hk/project learning）认为专题研习（香港把"项目教学"译作"专题研习"）是对某一个题材做深入的探讨，其目的在于让学生透过情境，进行探究式学习，把知识、技能、价值观和态度联系起来，进而建构知识，培养学生学习的能力和态度。专题研习的题材多与学生的学习或日常生活有关，可以是围绕某一个科目或学习领域，也可以是跨学科或超越学习课程的界限。

德国慕尼黑 Ludwig Maximilian 大学的 Rudolf Tippe（2004）认为：The project-based method is a learning strategy that ties teaching to the development of work tasks（projects）or central topics in an integrated and practical manner, with students participating actively and independently. This project-based method allows them to acquire knowledge and skills in an independent and practical way, while developing their social skills at the same time.

所谓项目教学法就是围绕一个实践性的和接近生活实际的工作活动设计教学过程；在完成工作任务的过程中，学生要尽可能自行完成确定目标、设计和实施工作过程以及评价工作效果等环节。可以这样理解：安排一个实践性强的、真实的或接近真实的任务，让学生独立地确定目标、制订具体计划、逐步实施并且检查和评价整个过程。与传统教学活动不同的是，项目教学更加强调学生的自主学习，需要更加灵活的教学设计，教师不再是课堂的主导者，而是让学生在单独或协作完成工作活动的过程中培养能力。面对任务，学生会自觉自主全身心投入，运用不同专业领域的知识和调动尽可能多的感官，通过小组作业、多层交流和问题解决等形式开展交往性学习。成果导向的工作和学习过程成为项目教学法的主要特征之一（姜大源，2007：35）。

在高职教育领域开展项目教学，应该融入高职教育的特有元素，应该体现高职教育的特色，应该具有更丰富的职业技术内涵。对于高职项目而言，项目教学是一种贯彻"工学结合，深度融合"教育思想的适当桥梁和媒介，是一种非常有效的教学策略和教学方法。高职项目教学是一种以职业生涯发展为导向，以学生为主体，以教师为主导，以岗位群工作流程为线索，以典型项目为依托，以产品/服务为载体，以职业素质为目标，以职业技能鉴定为评价标准的教学策略和教学方法（杨文明，2008：94）。

借鉴各专家观点，笔者认为项目化教学是以生产实践中的工作项目为依托，选取其中典型的"项目"为载体，或者借用其中的"项目"概念，把课文的教学内容与这些项目相融合，依据学生实际水平和专业特点，设计出若干个与教学目标相一致的教学项目，学生通过完成这些项目中规定的每一项工作任务而达到教学目标的。

二、高职英语项目化教学模式

按照项目化教学的内涵界定，在高职英语项目化教学中，教师应以培养高职学生职业英语能力为出发点。以学生就业岗位中出现的一般英语交际活动为线索，设计科学合理的"项目"，将语言知识和技能融合到这些项目任务中，构建真实的任务情境，引导学生积极主动参与，并强调在"学中做，做中学"，使学习过程始终围绕着项目的探究和解决展开，以达到学生语言技能和职业技能的同步发展。学生的学习效果直接由完成项目的情况和结果来衡量，包括教师评价、小组评价、学生自评三个部分。学生将在更大程度上参与设计、规划、调节和评价学习的各个环节，他们的自主性、主动性和独立性将进一步得到提高。

教育部职业技术教育中心研究所姜大源教授认为，工作过程是完成一个工作任务并获得工作成果而进行的一个完整的工作程序，是一个综合的、时刻处于运动状态但结构相对固定的系统。尽管工作的方式、内容、方法、组织、工具均会发生变化，但完成工作的六个步骤——资讯、决策、计划、实施、检查和评估则相对固定。教师按照这六个步骤设计教学过程，让学生通过"获取信息，做出决策，实施计划，进行检查，评估过程和结果"，在自己的实践过程中掌握职业技能，习得专业知识，从而整体、自我地获取经验并构建应用知识体系（姜大源，2003：1）。

综合来看，这几种方法都包括项目准备、项目实施和项目汇报三个步骤。对此，国内学者还提出了具体的教学案例，如商务英语、机电英语、金融英语等项目化教学设计案例。

综合上述专家的项目教学模式，笔者将高职英语项目化教学的实施步骤从低到高分为：确定学习目标；设计项目；项目任务的展开与控制；项目成果展示；项目成果检查评估；归档或应用。

其中项目任务的设计及实施，即教学设计乃是其中的一个重要环节，是项目教学成功的关键，其目的在于努力实现教学过程的最优化。教学设计是指根据学生的实际情况和专业特点，以教学目标（能力目标、知识目标、素质目标）为出发点来设计项目，并设计项目的训练方式手段及步骤（任务的安排），要求学生展示项目成果，最终对项目成果进行检查、评估、归档等。

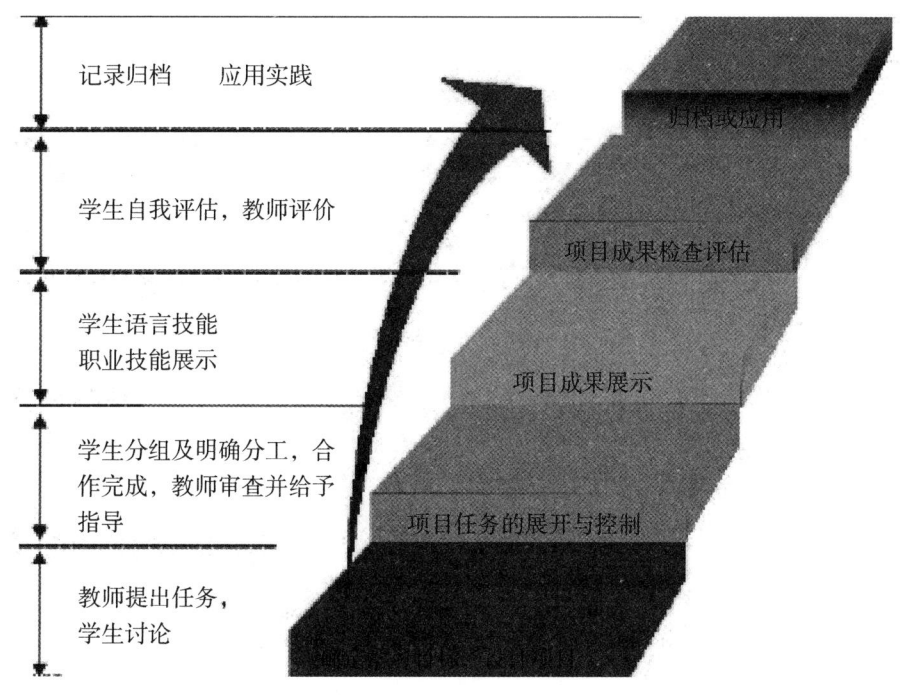

图 4-1 项目化教学设计

三、项目化教学与任务型教学的区别

项目教学法是师生通过共同实施一个完整的项目工作而进行的教学活动。在职业教育中，项目是指以生产一件具体的、具有实际应用价值的产品为目的的工作任务。它应该满足下面的条件：(1) 该工作过程可用于学习一定的教学内容，具有一定的应用价值；(2) 能将某一教学课题的理论知识和实际技能结合在一起；(3) 与企业实际生产过程或现实的商业经营活动有直接的关系；(4) 学生有独立进行计划工作的机会，在一定的时间范围内可以自行组织、安排自己的学习行为；(5) 有明确而具体的成果展示；(6) 学生自己克服、处理在项目工作中出现的困难和问题；(7) 具有一定的难度，不仅是已有知识、技能的应用，还要求学生运用新学习的知识、技能，解决过去从未遇到过的实际问题；(8) 学习结束时，师生共同评价项目工作成果和工作学习方法（吴静，2011：79-80）。

任务型教学是在教学过程中，教师把教学内容巧妙地设计成一个个具体任务，要求学生独立或小组合作完成任务，是以任务为载体，以任务为驱动，以学生为中心学习新知识和新技能，掌握教学内容，锻炼语言技能和解决问题的能力。

任务型教学法的成果一般跟语言知识相关，不能应用于学校、企业和社会的生产实践中，学生在一节课中就能完成一个或多个任务。项目化教学法一般一个项目由多个任务组成，实施需要花费较长的时间，需要几节课才能完成，它更注重培养学生的语言实践应用能力、社会能力和职业能力、解决新问题能力，所以其项目成果更具有实用性，可以应用到学校、企业和社会的生产实践中去。

需要注意的是，任务型教学一般是为了让学生掌握新的知识点，而项目化教学一般是为了巩固知识，学生通过完成一个项目，把旧的零散的知识点得以整合、强化、巩固以得到升华，提高解决问题的能力，教师在设计项目时，要考虑到重点知识，不一定要涵盖所有的知识点，学生利用课外时间准备、完成、修改项目，而在课堂上交流和谈论为主，注重评价环节，以提高学生的积极性和综合能力。

因此，在高职英语项目化教学法中，应根据学生的实际情况和专业特点，设计具有实践性、典型性，贴近真实的工作项目，将学科体系中的知识内容转化为若干个教学项目，把每一个项目分解成一个或多个具体的任务，教师围绕项目组织展开教学，以"项目为载体，工作任务为驱动"，将语言理论与实践应用相结合，积极引导，以学生为中心，使其在完成项目任务的过程中掌握知识和技能，提高综合职业能力。

四、项目化教学的优势

项目化教学强调学习者运用真实的语言材料，发展语言技能，掌握学习方法，最终发展交际和职业能力；强调的不只是最终的结果，主要是完成结果的学习过程和在学习过程中锻炼的各种能力；强调以小组为主要形式的合作学习，提高学生的自主学习能力，四学并行（学知识，学做事，学共存，学做人）；强调教师角色由单纯知识传授转变为点拨指导协助，不再把现成知识技能直接传递给学生。

项目化教学突破了传统教学的三个中心——"以教师为中心，以课程为中心，以课堂为中心"，而转变为新三个中心——"以学生为中心，以项目活动为中心，以实践、探究为中心"。与传统教学模式相比，具有自主性和探究性、开放性和实践性、社会性和应用性、真实性和趣味性的特点，是针对灌输式、记忆式、机械式等教学弊端变革而建构的，其优势如下：

1. 注重培养学生的自主学习能力，帮助学生摸索学习策略。
2. 提高学生的学习动机，重视学生的多元智力，增强学生的创新思维能力。
3. 积极利用现代技术，开展网上调研，提高学生网络与信息检索能力。
4. 创建真实的工作环境，"工学结合"，丰富学生的学习与实践经验，培养学生的项目管理能力。

第二节 高职英语项目化教学模式实践

一、项目化教学模式实施原则

按照"以就业为导向,以服务为宗旨"的职业教育目标,高职院校的培养目标和人才,定位应当区别于普通高校和中职院校的培养目标及人才定位,我们培养的人才类型是技术应用型、技术技能型或操作型的高技能人才,不是研究型、设计型的人才(戴士弘,2007:9)。

根据宁波职业技术学院提出的具有代表性的改革创新理念,项目化教学应遵循"6+2"原则,"6"具体包括:(1)工学结合、职业活动导向;(2)突出能力目标;(3)项目载体;(4)能力实训;(5)学生主体;(6)知识理论实践一体化的课程教学。"2"指的是:(1)某些课程教学内容,如德育内容、外语内容等必须渗透到所有课程中去;(2)职业核心能力,如自学能力、与人交往能力、与人合作能力、解决问题能力、信息处理能力、创新能力、数字应用能力、外语应用能力等,必须渗透到所有课程的教学中去。

由此可见,高职英语项目化教学过程中,项目的设计必须要达到促进学生全面发展的教学目标,不仅要有语言和职业能力的发展,还要有个人素质能力的共同发展。

(一)工学结合、职业活动导向原则

结合学生的职业特点,合理设计英语课程内容,即课程设计,让学生体验英语用于自己的职业岗位上。针对不同专业的学生,可以适当调整项目和任务,让学生用语言学习,用语言做事。

(二)突出能力目标原则

把英语的听说读写能力和职业能力贯穿于项目的实施过程中,开发学生的自主学习能力,培养学生的综合素质能力。在进行课程设计时,要考虑到本课程的知识目标、能力目标和素质目标,根据这些目标设计各种项目和任务,使学生在完成任务的过程中达到目标的要求。

(三)项目载体原则

在对英语课程内容的处理和设置上,始终遵循以项目为载体的原则,通过项目提升能力。

（四）能力实训原则

创设情景，创造条件，让学生把语言知识运用到实际操作当中。

（五）学生主体原则

在完成项目过程中，一切以学生活动为中心，教师为指导，学生动脑、动手，主动学习、总结。

（六）知识理论实践一体化原则

英语知识不能只停留在课本上，或者变为"哑巴英语"，而是要学生在完成项目的过程中，开口说英语，用英语完成所分配的任务，真正感受和体验到日常和职业岗位上的英语应用。

按照这样的实施原则，高职英语项目化教学是符合德国以培养能力为核心的"行为导向"教学法的一种，它不是教师"填鸭式"的教学；不是学生听从教师的指挥，"要我学"的被动学习；不是教师主动提问、学生回答；不是教师要寻找学生的不足，靠外在动力强迫学生学习。而是学生应用已有的知识进行学习和技能提高；是学生在老师的指导下主动学习；是学生根据自己的兴趣，"我要学"的自主学习；表现为学生主动提出问题，教师为学生解答问题的学习互动形式。

二、项目化教学策略

（一）项目化教学过程的策略

1. 情景设置，角色扮演

如果课文内容是实践性质，教师可以创设教学情景，布置学生角色扮演的任务，排演情景剧，这可以激发学生展示自己登台表演的欲望和对知识的掌握。比如对于电影某个情节的模仿，有关旅游景点的介绍，餐厅服务员的工作，机场入境的报关和广播，医院看医生的情景，等等。对于旅游这一项目，就可以设置制定行程，预定房间，接团，沿途讲解，入住服务，餐饮服务，景点导游，引导购物、娱乐，突发事件处理，送团，总结等一条龙的任务。教师让学生参与分组、分角色，整理学习每个任务需要用到的单词和语言点，并给予平台让其实际操作应用，形成各种项目成果展示。

教学情境设计好的话，可以有效地提高教学质量，所以是一项重要的教学策略。教学情景的设计要考虑到能否让学生积极地参与到教学活动中，对所学的内容感兴趣，产生学习的欲望。

2. 图片、实物展示

对于某些重要的语言点，需要学生扎实掌握的，教师可以考虑用文本的形式展示，使学生能真正掌握语言点，比如制作自己朗读语音、表演的录像，把某个知识点制作成PPT，撰写日记，制作海报等等。

3. 举办比赛，促进竞争

比如节日的介绍，教师可以设置学生朗读或演讲比赛，还可以是英文歌曲比赛等等。

4. 安排游戏，活跃气氛

用英语猜字谜是学习英文单词的一个好办法。

5. 讨论交流，互相辩论

课程内容如果是社会某个现象的反映，可以采取讨论或辩论的形式。讨论或辩论可以使师生间更好地交流和沟通。教师指导学生，学生小组合作，群体思考，发挥在学习中的主体地位，更好地掌握所学的知识，充分保证学生主动性、独立性、体验性、问题性。所以，教师在设计讨论或辩论题目时，要考虑能否科学地启发学生的思维，有效地引起学生的争论，最大限度地提高教学质量。

在实施各个教学策略中，一般都以小组合作的学习形式。小组学习中教师发挥主导作用，不用花那么多的时间来讲解，就可以有更多的时间和精力为个别学生解决问题，学生也就能更积极、更有效地参与学习，一定程度上改变课堂沉闷的气氛，加强学生间师生间的交流，引导学生自主学习。分组时，要考虑学生的优劣水平，人数分配（4~6人为宜），学生的性格差异，有时也需要教师插手分组，可以让学生打破座位次序，增进同学间的了解，营造相互关爱、协作帮助的集体。

（二）任务实施的策略

教师应该设计含有特定学习目的、不同形式的课内外任务，从学生的兴趣爱好和实际水平出发，将教学内容和学生生活经验、专业特点相结合，激发学生的积极性，发挥学生的内在潜能和多元智力，促进学生的互相交流、共同合作，做中学、学中做，资源共享，最终达到学习语言知识和技能的目的。

在项目化教学过程中，一个项目包括若干任务，所以每个任务的实施都可以用到一个或多个教学策略，一个语言点的掌握也可以用到多个教学策略，这需要教师的分析和判断，以便更好地让学生掌握课文知识，提升语言能力。

另外，当课内知识需要学生进一步拓展和延伸时，教师可以针对课文某一问题设计具体任务，要求学生课后进行补充和共享。学生课后自主开展一些与课堂内容和现实生活中有着某种联系的语言实践活动，如要求学生到图书馆查找相关资料、网上搜索下载信息或者开展社会调查等等。

(三)项目化教学模式实施的步骤

1. 确定学习目标、设计项目

高职学生毕业后更多的是需要职业能力的塑造。所以更要注重学生职业能力的培养,教学上应以职业分析和工作分析为起点,而对理论知识的传授坚持必需、够用为度的原则。项目化教学提倡"任务陈述的学习内容",它是以工作过程的任务为依据设置学习的主题,不同于传统的"以知识为基础"学习主题的开发,是革命性的改革。

教师要由传统教学中"讲台上的圣人"转变为知识海洋中的"导航者",就要更好地发挥在筛选、组织和传递学习资源方面的主导性作用。教师应该将教材中的语言知识点根据学生的实际情况和专业特点,融合成一个个项目,按照培养学生的知识目标、能力目标和素质目标,设计项目的训练方式手段及步骤(各个任务的安排),最终要求学生展示项目成果,如实物展示、录音、配音、录像、PPT海报、模拟对话、演讲、日记、情景剧、导游词、歌曲、文化介绍、游戏等等,学生在完成任务的过程中,达到教师所期待的教学目标。

教学设计以教学目标为出发点,教学目标分为能力目标、知识目标和素质目标。能力目标是教学目标中考虑的最主要问题,能力目标不仅要培养学生的职业核心能力,而且要培养学生的整体个人素质。高职学生一般语言基础较为薄弱,水平参差不齐,不能很好地用英语表达自己的意思。所以在设计项目上应该遵守"跳一跳够得着"原则,在了解学生现有水平和判断潜在能力的基础上,适当提高,正确引导,以学生的最佳状态完成任务为出发点,最终制定科学合理的单元能力目标。

教学设计是项目化教学的一个重要环节,是项目教学成功的关键。在进行教学设计时应该考虑项目任务设计的全面性,围绕语言知识能力和职业能力,紧扣教学目标对基础知识和基本技能的要求,保证项目任务设计的针对性、目的性和全面性;根据不同的教学内容和实际情况,施以不同的教学模式和手段,激发学生学习的积极性。这样,教师在进行教学设计时,要自行设计教学步骤,而不是完全按照教材的章节顺序,也不是完全地按照先基础后应用的教学方式,而是应该对教材进行二次开发,找出学生职业中交际活动主线,把教材和现实生活、岗位需求紧密结合,相互融合。

2. 项目任务的展开和控制

学生在完成项目任务的过程中,一般以小组为中心的合作学习,要花大量的时间查找整理资料,优劣互补,协作完成项目成果。教师引导协助其完成过程,尽量使学生少走弯路,关注学生语言和能力上的使用和提升。

（四）项目成果展示

教师协助指导鼓励学生汇报展示学习成果，尊重学生独特性和创造性的发挥，允许学生的项目成果形式多样化。而且，教师要创造教氛围，创设学习情景，组织和引导展示过程，如把教室布置成招聘会的现场或展销会现场，借用校车为学生模仿旅游接团、沿途讲解、景点导游等等。

（五）项目成果检查评估

在学生完成项目任务的过程中和展示项目成果的时候，附带着学生自评、小组互评和教师总评。评价内容既包括对项目或任务最终成果的整体评价，更重要的是对学生在完成项目任务过程中表现情况的评价，包括参与项目的积极性、语言应用能力、思维创新能力、职业能力等。在学生自我评价的基础上，学生能够对自身完成项目的情况和效果进行判断、反思和总结，并作为学生期末总评的组成部分。这将大大提高学生学习的积极性和能动性，改变高职学生厌学现象，是整个项目实施的重要手段。教师在评价体制上要力求科学、公正、公平。

（六）归档或应用

这是项目化教学区别于任务型教学的明显所在，学生完成的项目是教师根据学生的职业特点而设计的，所以学生的项目成果，教师可以归档，可以应用于将来职业中的某个交际场景或商业活动。

第三节　高职英语项目化教学案例

高职旅游专业培养的学生应该具备基本的导游工作技能，包括接受导游任务、制定安排行程、开展各类导游工作、处理各类突发事件、顺利送团并总结等。高职英语教学应该与这些专业特点相结合，应该将教材上关于旅游的语言知识融入这些专业特点，培养学生实际应用能力和操作能力。本节设计就是从这一教学理念出发，把内容精心设计成了四个项目，分别为导游的前期工作、导游的实际工作、导游的后期工作和导游的业务基础，并以这四个项目为载体，每个项目又有若干个任务，结合各种教学策略，要求学生独立完成或小组合作完成岗位特点相关的项目任务，而后通过学生展示项目成果检验、评估学生的语言应用能力和职业核心能力。

一、确定学习目标

1. 能力目标：能把所学的英语知识应用于接受导游任务、制定安排行程、开展各类导游工作、处理团队的各类突发事件，到顺利送团并总结等一系列导游服务工作。

2. 知识目标：理解旅游的基本内涵，掌握导游服务工作的基础知识、工作程序，掌握导游必备的、基础的英语专业词汇和常用语句。

3. 素质目标：培养导游工作的基本技能，包括较好的语言表达能力、较强的组织协调能力和社交活动能力。

二、项目的实施步骤

表 4-1　能力训练任务及项目的实施步骤

项目名称	能力训练任务名称	项目的展开和控制训练方式手段、步骤	展示项目成果	项目成果检查评估	归档或应用
1. 导游前期工作	接待计划以及接团服务安排	1. 选取一旅游景点，学生分组讨论接团前的行程制定和线路安排 2. 各组排练对话，模拟用英语迎接旅游团（掌握接团时必备的道具，惯用的英语词汇、句型及表达方式）	1. 详细的旅游计划、日程安排表 2. 接团英语对话表演	1. 教师对两个成果进行指导、纠正、评价 2. 学生对两个成果在评价表上进行自评、互评	对当地的旅游景点的安排和资料的整理可以归档
2. 导游实际工作	沿途讲解，沿途活动设计与组织	1. 小组合作，用英语模拟在交通工具上，配合电脑插图，选取1~2个景点进行讲解 2. 小组合作，策划英语游戏，掌握调节车内气氛的技巧和方法	1. 模拟沿途讲解 2. 组织展示英语游戏	1. 教师对讲解词进行指导、纠正、评价 2. 学生进行英语游戏	英语游戏可以应用于学生英语学习中，增强学生学习兴趣
	住店服务	1. 小组合作，用英语介绍宾馆的相关设施及使用 2. 总结宾馆入住的相关程序及注意事项 3. 整理宾馆专用英语词汇、表达方式	对某宾馆的录像及介绍（以当地某宾馆为例）	教师、学生对录像成果在评价表上进行评价	归档对当地某宾馆的录像

续表

项目名称	能力训练任务名称	项目的展开和控制训练方式手段、步骤	展示项目成果	项目成果检查评估	归档或应用
2.导游实际工作	餐饮服务	1.小组合作，合理、科学地安排游客的餐饮事宜 2.选取中国或当地一特色菜，用英语向客人介绍本地的饮食文化 3.查找资料，了解中西饮食文化的基本知识	1.小组的餐饮安排用图文形式展示 2.选取中国或当地一特色菜用英语进行介绍，做演讲	1.对各小组的图片进行评比、评价 2.教师对演讲学生进行评价，给予鼓励	对特色菜的介绍可以归档
	景点服务	1.每个学生在中文导游词的基础上编写详细的英语导游词，并进行导游讲解。掌握编写导游词最基本的知识、英语词汇和表达方式 2.指定某景点，让学生查找相关资料，了解其最基本的历史、文化等相关知识	1.英语导游词 2.学生通过PPT演示，展示所查找的资料	1.以同一景点的两篇导游词为例，通过学生讨论，评价出优秀的，进而学习导游词的写作内容和写作技巧 2.PPT	导游词和PPT可以归档
	购物娱乐服务	1.每个学生选取当地一特色商品或娱乐用英语进行介绍 2.小组合作，讨论该不该介绍游客购物，并进行小组间辩论 3.查找相关资料，了解违禁商品以及相关法律	1.英语演讲词 2.辩论赛	1.教师对演讲的学生进行评价，实行鼓励政策 2.教师对辩论赛进行指导、评价。学生在评价表自评、互评	对演讲词归档
	各类突发事件和纠纷处理	教师设计突发事件和纠纷，学生小组合作，分析处理，解决问题和纠纷（了解旅途中可能发生的常见问题及处理原则、方法，了解导游员的工作职责）	案例分析报告	1.教师对案例分析进行指导 2.学生自评、互评	对案例归类成册

续表

项目名称	能力训练任务名称	项目的展开和控制训练方式手段、步骤	展示项目成果	项目成果检查评估	归档或应用
3. 导游后期工作	送团及总结工作	1. 小组合作，制作旅游结算清单，并用英语跟客人解释费用 2. 模拟记者采访，做导游总结工作	1. 旅游费用结算清单 2. 通过学生间的采访方式，谈谈送团结束后的心得体会	教师对采访进行指导、修正、评价	对采访记录整理成册
4. 导游业务基础	导游基本理论，社交礼仪，文化素养，职业道德，政策法规，工作纪律	每小组分配一相关主题，小组合作，查找相关资料，并整理成册（由于难度较大、工作量较大，可以用汉语表述）	关于某一主题的相关资料报告，课堂上各小组互相交流学习	1. 教师对报告进行指导补充 2. 学生自评、互评	对资料整理成册

三、项目任务检查和评估

在实施项目过程中，附带对学生的评价，在各个项目中的能力训练任务在其中均有体现评价的地方，包括教师测评、学生自评、学生互评。在每个小组展示项目成果时，其他小组都要对其进行评价（表4-2）。在每个小组进行讨论，查找组织资料，人员分工合作时，本小组的成员也要对小组内的各成员进行评价（表4-3）。一个项目中各个任务总得分的平均分就是该学生这个项目的得分，各个项目总得分的平均分就是其期末总评。这样的评价机制，不仅提高了学生参与项目的积极性和能动性，也对学生的参与起到了监督和保证作用。

表 4-2　高职英语课程项目化教学——学生分组评价表

项目任务名称		日期		评价		
组别	评价项目	总分		总评 （生评40%+师评60%）		
	内容	方式		语言	创意	英语能力
组1	生评					
	师评					
组2	生评					
	师评					
组3	生评					
	师评					
组4	生评					
	师评					
组5	生评					
	师评					
备注						

表4-3 高职英语课程项目化教学——学生个人评价表

姓名 座位号		组别			
项目任务名称		日期			
评价人	评价项目	总评（组长20%+组员20%+教师60%）			
	遵守纪律（10%）	合作态度（20%）	点子贡献（30%）	动手参与（40%）	总分
组1					
组2					
组3					
组4					
组5					
组6					
组7					
组8					
组9					
组10					
教师					
备注					

这样的教学设计比起之前的教师讲解、学生听讲的教学方式更新颖，学生更多的是要去查找资料，与人沟通合作，开口说英语，完成和语言有关的项目，所以学生的积极性提高了，语言的实践应用能力和专业知识增强了，并且通过相关的评价机制，学生学习英语的兴趣、动机和积极性也提高了。

第五章 高职英语网络化教学模式

第一节 网络化教学概述

一、网络化教学的兴起

（一）课堂教学模式多样化

当前，教育信息技术正向着以计算机为核心的现代教育信息技术发展转变，而当前对教育信息技术应用发展研究的热点问题，大部分都聚焦于与计算机教育及其应用相关的教育领域。计算机辅助教育是当前教育信息技术的主要分支和重点发展方向。有了现代化的教育环境，但如果没有大量的现代化教育资源是行不通的。从一定的意义上来说，开发建设现代化教育资源是进行现代教育变革最有力的支持和更紧迫的需要。计算机信息技术现已在社会的各个层面得到了运用，已成为生活、工作与学习中不能缺少的重要部分。在教育界，计算机的大规模应用也为新时期的教育教学事业提供了勃勃生机，全新的教学理念和现代计算机与网络信息技术的融合产生了不少全新的教学方法，如网上自由教学模式、网上合作教学模式、网上探究教学模式等。其中，网络自主学习模式尤其受到了人们的重视，并作为互联网教育的主导教学模式。网络自主学习法是指由学习者通过使用计算机网络所提供的学习支持与服务体系，自由地选用认知工具、设定学习目标与学习内容，并利用可选择的交互方式自主探索的学习流程，进行有意识认知建构的学习方法。

（二）教育教学形式网络化

现代信息化教学和远程教育的特点是研究以计算机科学、多媒体技术和互联网信息为基础的信息在教育授课流程中的发展和利用的思想和方法，是对现代课堂教学信息的整体应用、设计、研究、控制和评估的研究方向，包括现代化教学体系的课程设计、教育资源建设、课程类型和教学内容创新、教学模式和方法的变革。

建构主义理论、社会参与理论指导下的，基于现代教育信息技术的语言教学方法，在中国国内教育领域的基础研究中如火如荼，有部分高等教育先进地方的高校（如上海等）也迈入了教学先进行列。但是，针对中国高职学校在这一特定阶段对学生的网络化学习模式的深入研究和探讨，因为受其在培养人才目标中职业属性的影响，还是必须从学习效率、组织形态、数据库构建等方面做好基本调研。对语言教学的评估，一直是中国教育事业实现突破性发展中最为关键的一环，语言评估方法的变革也是面对着21世纪的全新学习方法的必然需要。因此网络化英语学习与传统英语学习语言评估方法的变革，是非常紧迫的研究课题。

公共英语开展了合作探究性课程互动，学员在语言学习方面有较大的改善，在课堂教学工作方面也有了较大的提高。评价量表及课后测试数据说明，学员通过利用网络开展的分组合作探究性教学，在老师的引导下顺利完成了学校规定的学习任务，基本做到了自主学习。学生也表现出了对全新的教学管理模式的强烈兴趣。

（三）课程资源

教材的文字资料以教材居多，《互动英文2》由国家劳工和社会保障出版社发行（包含专业用书与电子版教师用书）；信息多媒体、网络资源包含《互动英文2》配套教材、英文教育短片、英文影片、英文歌曲、英语学习网站等；互动性资源内涵广泛，涉及老师的语言活动和体态语言以及老师与学习者间的交流和沟通等。

信息化教育广泛而深入地影响了人们日常生活的方方面面，信息时代的中国高等教育正具有实现现代化和全民化的巨大发展契机。但同时，中国高等教育变革也面对着由理论到实际的全方位挑战。高等教育状况的优劣，将直接影响我国的经济实力与发展。同时由于现代信息技术的迅速发展，以及现代信息技术教育发展在我国各地的情况极不均衡，还存在着不少的思想矛盾与运作问题。因此为了破解中国高等教育发展现实中的新课题，需要深入研究并系统构建中国现代高等教育科学技术的基础理论，使中国高等教育改革能基于更严谨的现代科学技术思想，而得以不断地健康发展。

（四）现代学习资源立体化

信息时代的来临，为英语课堂的蓬勃发展提供了全新的契机。万维网具有丰厚的网络资源价值和巨大的功能，其得天独厚的资源优势为建立更加完善的英语教学理念提供了重要的网络资源保障。现代教学信息技术和传统英语教学的融合，是中国高职英语教学改革的核心内容。高等职业学院英语课程标准中提出的重视学习方法的改革和运用资源学习、探究学习等全新的教育理念，是中国英语课程变革的重要催化剂。

网络化英语教学，可以充分运用学校现有的微机室、互联网、电脑等软硬件设备，全面贯彻高职英语的教学精神，以高职英语教材为基础，有组织地引导学生开展网络教学，具体包括：教师怎样利用网络开展在线交互教学活动，怎样在互联网上搜索学习资料，怎样运用丰富的网络资源处理教学中的具体问题等，引导学习者合理地运用网络资源自主教学，进行积极的探究，逐步形成由任务驱动的基于互联网的教学惯例。在此基础上，学校英语老师将进一步探讨在互联网形势下对学生英语学习效果的评估方法，以行动式探究的方法探索生成性评估和终结性评估在学生英语学习评估中的相互关联，把终结性评估和生成性评估加以有机整合，更加重视学生在互联网环境下的认知过程，以"人本主义"为指导思维，逐渐让学生形成独立学习的习惯、终身学习的理念，以及合理评估、自主评价的科学培养方式。全新的教学模式和方法，无疑将会对中国高职教育培养成高层次应用型人才这一总体目标的达成，产生巨大的影响。

在现代教学环境下，教育者要着力改变传统课程的教学理念与方式，为现代多媒体与网络教育设计提供适应个性化教育需要的丰富教学资源，为远程教育、网上学校与协同教学等各类全新教学方法的应用，提供宝贵的教育资源保障。计算机辅助课程的教学目的并不仅仅在于学科教育，而网络化模式的教学资源也将反作用于个人，并直接影响被教育者的思想、智慧、集体意识，以及思考方法。

二、网络教学模式的理论

任何教学模式的建构必须依据一定的教学理念和理论。教学理念和教学理论是网络教学模式的灵魂，也是构建网络教学模式的基石所在。总体上说，网络教学模式主要以语言监控理论和建构主义理论为依托展开教学。

（一）语言监控理论

随着网络技术和资源辅助英语学习的趋向越来越明显，研究者纷纷从不同角度来研究和探讨网络技术对外语学习辅助作用的理论基础。其中，克拉申的第二语言习得理论中的语言监控理论是研究使用网络技术辅助外语学习必须依据的原理之一。

语言监控理论认为，在第二语言习得中，习得比学习更重要。习得语言，必须具备两个条件：一是能够理解的语言材料应该是"i+1"，即学习者在现有语言水平的基础上略提高一步的输入，且输入应该能被学习者理解；二是心理障碍应该小，这样才能使输入易于吸收。

克拉申的第二语言习得理论中的语言监控理论所强调的输入语、习得、降低情感障碍的思想，对于第二语言习得研究有很大的启发作用。因此，把克拉申的语言监控理论运用于高职英语网络教学，探讨语言监控理论与高职英语网络教学之间的关系，以及基于此理论指导下的网络教学模式应该怎样进行是非常有必要的。

（二）建构主义理论

建构主义理论是 20 世纪 60 年代由皮亚杰提出的。他认为，人通过一定的刺激能够激发一定的认知结构，从而获得信息。随着这个理论的盛行，人们对教学的观点有所改观。建构主义认为，知识是主观的，是通过自主建构意义而产生的，教师的责任是帮助学生有效建构对知识的理解，鼓励创新思维。这个观点对于网络教学模式的展开有着重要的指导意义。

总之，教学理念和教学理论是网络教学模式的灵魂，也是构建网络教学模式的基石。但历史发展的实践过程和逻辑论证都表明，没有哪一种教学理念或理论是完全正确的，每种理论都有优点和不足，因而都有其适用的领域。因此，我们在确定网络教学模式的理论指导之前，首先要正确理解各种思想理论的优点和不足，以及适用的教学环境，包含教学对象、教学目标、教学内容、时间和经济预算等因素，然后根据自身的教学条件做出合理的选择。

三、网络化教学环境的功能

（一）网络化课程教学目标

把互联网学习方法的运用引入语言教学，有助于广大学习者群体了解和掌握越来越丰富的新媒体、新型信息技术资源，更适合信息时代多媒体、网络化的工作环境与学习环境，让互联网功能与网络资源逐步成为自身发展的重要工具和财富；同时也有助于培养广大英语老师和学习者群体应对信息社会的综合素质，以及收集、管理信息，运用信息技术的能力；从基础与应用的视角在有助于学习者群体掌握电脑文化与视觉文化，从而提高人际传播的效率，提高筛选与使用不同媒介的能力，以及在信息传递和加工的层次上培养学习者群体管理本学科信息资料的综合水平。

与传统英语语言教学内容相结合的网络化教学，从剖析现代教学信息技术发展和教育现代化之间的关系出发，掌握了多媒体技术、超媒体、互联网特性以及教育网络资源等方面的基本知识。通过计算机与网络教学软件应用的介绍，信息技术的功能分析以及上机训练等过程，有助于学习者训练并了解关于收集资讯、加工信息、交流信息以及发布信息的主要工具与方式，进而构建起现代教育信息科学技术、电脑文化、视觉文明、生活信息、科学技术等概念体系，让学习者群体在形成语言综合能力的同时，更加了解和善于运用信息化社会的环境资源。

（二）网络环境下教学功能的实现

互联网环境下的现代课堂教学和传统教学，不仅仅是课堂环境上的差异，更在教育目标、内容、教学手法、教育传播形态上，有着巨大的本质区别。而互联网教学方法，将丰富与完善中国传统的课堂设计理论和方式，并有助于形成中国现代教育环境下课堂设计的新理论和新策略。例如，在课程资料极其丰富的条件下，怎样开展课程设计，提升质量和效率；怎样冲破空间限制，运用网络信息技术进行远程教学的课堂设计；怎样控制课堂教学流程和合理开展课堂教学以实现课程目标，更有利于学习者的创新精神和实际创新能力的养成。

1. 训练学生独立掌握语言的能力，形成终身学习理念

互联网发展至今，不少国家的网络建设已经非常完善。面对互联网浩瀚的学习资料，学习者能够走进任意一家专门介绍英语国家或者不是英文国家的英文网站，了解到大量原汁原味的、地道的英文。此外，中国有许多英语学习网站，它们也是学习者真正掌握英文内容的主要来源。信息化教学手段将能更有效地激发学习者的主观能动性，从而增强主动学习能力，为终身学习奠定基础。老师的推荐与指导将大大提高学习者的网络学习质量，能有助于学生更好地运用网络资源。

2. 引导他们进行探究性学习，培育创新精神

互联网教育给学习者创造了一种更宽广的知识天地和一个全新的学习方法，学习者能够按照自身的兴趣和需要来选取最合适自身的资源，并根据自身的方式完成学业。高职教学主张任务式教学，主张学习者要采用思考、探索、讨论、互动和参与等方法，掌握并运用语言，顺利完成教学任务。所以，学习者运用互联网探究性地完成教学任务，有助于培育创造力，进而推动语言教学。

3. 全面提高学生的口语能力综合运用水平

在具体的英语教学中，让学习者掌握必要的基础英文知识以及听、说、读、写、译等技巧，从而建立必要的综合口语应用能力是课程的核心内容之一。在实际环境中，由于学习者往往无法接触到真正的英文环境，也缺乏在实际环境下的交流机会，严重影响了学习者综合口语能力的培养。互联网也为解决该问题创造了一个新途径。学校之间能够利用网络平台开展沟通、协作，共享宝贵的基础教学资源和强大的交互性教学资源。

许多英语学习网站上都有各种各样的听力资料，学习者可以按照自身的程度有针对性地选用合适的听力材料，完成听力练习。最有利的效果是学习者能够随时随地接触到地道、纯正的英文发音。通过ICQ（一种网络通信软件）等网络软件，学习者可以非常便捷地和以英文为母语的人直接进行语言交流。还可使用电子邮件来训练学习者的阅读与写作能力。

4. 以互联网为载体，拓展课堂，提升教学质量

互联网上强大的互动性极大地丰富了人与人之间的联系，而师生、生生间的沟通方法也将不再单调。网络平台也给学习者创造了更多和老师直接接触的机会。这不仅仅是对课堂的扩展，而且让教师之间的人际关系更加融洽，进而极大地提升了课堂效率，从而改善了教学效果。

四、网络教学模式的分类及实施

基于不同的分类标准出现了不同的网络教学模式分类，每一种分类都有其依据和特点。本小节以网络外语教学模式的教育学基础作为出发点，参考我国教育技术专家祝智庭教授（2001）提出的信息技术环境下的教学模式类型，探讨网络外语教学的模式分类。

（一）网络自主接受模式

网络自主接受模式一般由三种要素构成：学习者个体；学习内容，指网络课件，通过网络传输的、由计算机作为媒介呈现的图文声像等语言材料内容；学习指导者，指计算机和教师。

网络自主接受模式所传递的主要是客观类的知识和技能，训练主要以选择、填空、拖动配对等有明确答案的试题形式为主；通过设定计算机的识别和反馈程序，可以自动批改和矫正学习者的错误并提供解答；另外，还可以设定计算机程序使之自动探测学习者的学习背景和学习风格等，然后提供适合的学习材料和学习路径。这里我们可以把计算机称为智能导师，因为它实际上扮演了教师的角色。而对于学习者在学习过程中遇到的各种问题，尤其是一些个性化的难题，以及人际情感沟通方面的需要，教师则需要通过网络交流工具如学习论坛来帮助学习者解决。①

（二）网络自主探索模式

网络自主探索模式的一般构成要素有：学习者个人；任务/问题；参考资源；教学指导者。

在这一模式中，学习的主要目标是提升学生的语言应用能力，而不是学习语法、词汇等客观确凿的语言知识，因此一般以完成某一具体、完整的语言任务或针对某些问题阐明自己的观点作为学习的主要内容，如翻译某段文学作品或独立观看某段原版影片后写出影评等。在整个学习过程中，学生会得到必要的提示和指引，一方面学生自己可以参阅网络资源或图书列表，另一方面教师会通过电子邮件、论坛等交流工具检查并督促学习者的进度，指导学生解决遇到的问题，并给予必要的评价和总结。

---

① 张红玲，朱晔，孙桂芳．网络外语教学理论与设计[M]．上海：上海外语教育出版社，2010：41-42．

(三)网络集体传递模式

网络集体传递模式的一般构成要素是:学习者群体;学习资源;教学指导者。这一模式一般有两种教学过程。一是完全虚拟的网络课堂,即教师和学生群体在统一的时间登录特定的网络"班级",教师讲解新课学习内容,组织练习、讨论等学习活动,解答学生的提问,给予必要的反馈指导。二是自学加集体指导型,即学生选择自己方便的时间自主观看教师布置的学习资源,如以图文声像等呈现的多媒体课件,然后在统一时间教师通过网络实时教学系统为学生提供集体指导、讲解和答疑。

(四)网络协作探究模式

网络协作探究模式的一般构成要素包括以下四种:一是学习者小组。学习者扮演的角色是进行小组自主分工、制订协作计划、定期自查、完成计划、总结发言并提交作品。二是任务/项目。这是网络协作探究模式的核心要素,主要教学理念是让学习者通过使用目标语言合作完成较为复杂的项目或任务,提高自身的语言综合应用能力和团队协作能力,其中,项目或任务往往是与社会生活或工作紧密相关的,如策划一个产品的销售方案。三是参考资源。四是教学指导者。这里的教学指导者即教师。在项目或任务的完成过程中,教师给予必要的引导,如协助小组进行分工、提供可能的资源索引、对语言应用的错误给予必要的矫正、协调可能出现的矛盾、督促进度、组织评估等。

这种教学模式的宗旨就是构建一个虚拟的真实任务情境,帮助学习者在这个情境中通过使用目标语言来提高外语水平。任务/项目的选择视学习者的兴趣和语言程度而定。如果学习者小组的语言应用水平比较低,那么在设计任务、项目时也要与学习者的语言能力水平相适应,不能相差太远。①

(五)网络综合教学模式

在实际的网络外语教学中,根据师资、教学目标及技术开发水平等条件,往往综合应用不同模式的各种教学手段。例如,高职英语综合教程某一单元的网上教学过程是:学生自主观看该单元的网络课件,完成网上的填空、选择、拖动配对等练习,并得到计算机的自动批改反馈。如果该学生已经达到本单元客观知识技能的基本要求,则会进入本单元的自主探索部分,会要求他(她)研读一份额外的主题材料并完成一份评述报告。在研读和写作的过程中,教师会通过电子邮件/学习论坛等方式给学生必要的引导和提示。

这一网络教学过程就融合了网络自主接受模式和网络自主探索模式的部分教学手段。我们将这种混合的应用称为网络综合教学模式。笔者认为在设计和确定教学模式时,

---

① 张红玲,朱晔,孙桂芳.网络外语教学理论与设计[M].上海:上海外语教育出版社,2010:44.

应该综合考虑教学目标、师资力量、学习者的学习风格等各种因素，选择应用合理的教学活动。只要有利于实现教学目标，就可以采用综合的网络教学模式。需要说明的是，这一模式的划分方法与其他分类方式并不矛盾，只是参考的角度不同而已。[①]

第二节 高职英语网络化学习的理论基础

近年来的研究成果多着眼于互联网信息技术在英语教学流程中的使用和二者之间的整合，但关于指导学习者利用网络资源完成课后教学或复习的有关研究成果仍然非常少。因此，有必要探讨一种既适应现代网络教学特点，又可提高教学效果的途径。

一、理论基础

运用网络教学资源积极转变学习者的学习方法，以认知心理学和建构主义学习理论为引导，转变以往流行的事倍功半的题海战术的知识巩固方法，强化教材的指导作用，引导学习者选择体验式和探索型学习方法。

（一）认知结构主义理论

建构主义者相信：科学知识并非经由老师传递而得到的，是透过使用者在一定的环境下，或透过别人的帮助，运用知识来源，或采用意义建立的方式取得的，而老师就是教学中的指导人和主持人。而这种方式，有助于他们建立对概念的多角度认识。学习者对知识的建构是受社会性互动影响的。学习者间的互动交流会影响他们对知识的建构，而相互交往则可以帮助每位学习者从多个方面来建构知识。

（二）参与理论

参与理论研究指出：学习者的了解是根据互动方法进行的特定任务、是有价值的认知活动。它强调有意义的学习环境，这与建构主义不谋而合。同时，参与论也强调合作性的教学方法，主张学员以良好的动机建立有意义的学习环境和探究活动。

（三）人本主义理论

人本主义的核心是从教育心理学的视角，对在课堂教学环节中的全部个人活动进行全面重视和关心，注重学习个体内部自身能力的发展，并倡导着重于过程式的教育，注重学习者主体性的训练。同时人本主义教育学还提出：注重进程，是要从研究者的视角思考教育活动过程或大纲教学内容是怎么被传递和掌握的，并思考怎么将教学内容与研

[①] 张红玲，朱晔，孙贵芳.网络外语教学理论与设计[M].上海：上海外语教育出版社，2010：45.

究者的日常生活活动直接联系起来；老师的教学任务并非直接决定学生需要学多少，而是去发掘和创设一个有利于他们自主学习和发展的社会氛围。而人本主义教学法强调以学习者为中心，并强调情感因素。

二、网络环境下英语学习的特点

互联网上不但拥有规模庞大的语言与人文学术资源库，同时也是中国最大的跨文化交流与学习网站。交互是学习过程中的关键因素。

（一）实践性

教师通过引导学生发现并提出新问题，指导学生利用现有的知识和经验设计解决问题的方法，训练学生发现问题和解决新问题的能力。在互联网环境下的主要教学形式是，老师引导学习者利用各种渠道获取信息，评估并确定获取信息的价值，并通过研究得出结论。

（二）主动性

学校置身于现代信息技术与共享资源环境之中，学习方法也从被动学习变为自主学习。由于网上的互动特点很易于调动学习者的兴趣，从以"教师为中心、图书为中心"状态中解放出来，从而减少学业压力。学习者也在这种学习状态的转变中，逐步形成了自主学习的意志与习惯。

（三）开放性

基于互联网广阔的覆盖范围以及实时的互动能力，学习者的活动可以完全不受时间、区域等的约束，也可以按照自身的需求，利用极其丰富的学习资料加以筛选、探索与总结，进而实现自身对认知意识的建立，同时也可以促进更长久的英语学习。

（四）虚拟性

网络学习环境中最主要的特点就是"虚拟"活动。虚拟现实技术所带来的虚拟现实教学环境，能够使学习者通过系统自由获得图、文、音功能齐全的视频窗口，以及丰富多彩的相关资源。同时学习者还能够利用BBS和聊天室等方式参加多样化的学术交流活动，如知识研讨、主题答辩、网络问答等。

三、网络英语学习实验思路与过程

（一）网络英语学习模式的基本思路

为指导学习者更高质量地主动学习，并较好地进行知识意义的建构，笔者按照学习者需要先构建了一个网络平台——英语学习的网络平台，然后与其他更有意义的由院校学生、老师以及学习者个人共同建立的简单型或专门型英语学习主题网站、页面等加以连接，从而构成了一个相对完善的、丰富且不断更新的资源库。

为确保实验的顺利完成，除提供一条清晰而连贯的网络系统资源之外，还针对具体要求，设置了一个经常性的、建设性的与学生交流的教师，保证交流途径的顺畅，发掘互动的潜能。

（二）网络英语学习实验

1. 实验假设与条件

本教学实验设计以基于互联网的英语教学为网络平台，在进一步优化课堂学习的同时学生可以巩固课堂知识点，并且拓展知识面，从而让学习者了解知识点、发展创新能力、增强学习兴趣与有效性，以实现教学整体优化的目的。在开展实验设计时，充分考虑运用试验假设技术手段，并根据试验设计结果开展有目的的测量，在获取数据时做到有的放矢。

学校专门设有微机室两所，共有计算机九十多台，连接互联网。每天定时让学生上网自习。

2. 变量设置

开展实验研究不但要摸清研究对象的特性，同时还要掌握各特征之间的联系，在实践中发现规律性。变量设置的主要目的，是开展对各种学习方式的比较研究。本实验课题的变量主要研究基于网络的英语方式对学生学习效果的影响。

自变量：本项目着重考察基于网络的英语课后复习方法和整体英语学习效果的关系。

因变量设计：因变量设计指学习者通过采用现代的学习方式来提高学习兴趣，了解知识点，训练语言理解能力，从而增加学习成绩和复习时间的一个因素设计。

3. 实验步骤

（1）实验预备阶段，包括网上教学技术分析、设计实验方案、网上英语教学网络平台的搭建、学生计算机基础能力的培养等。

（2）重点试验阶段。对学校的大一年级学生开展小组实践，从横向和纵向考察实验自变量与因变量之间的关系。

（3）总结提高阶段。查阅试验材料，分析试验成果，写实验论文和终结性实验报告。同时为了提高试验的可信度和效率，政府制定了许多措施来抑制干扰变量。

4. 实验检测和评价

根据"理论指导主动操作自变量—控制干扰变量—验证假设"的基本思路开展了测

试与评估。方法以定性分析与量化分析结合，如观测、问卷、课堂和课后测验等，其中又以实验阶段第一学年的期中考试成绩和高职学校 B 类统考成绩为重点的方法。为了提高实验的准确性与有效性，一方面设置测试方法，确保能力目标准确；另一方面确保实验班百分之七十五的学员能够通过微机完成定期课后复习，并对他们的所学过程加以了解、记忆。

网络化学习具有一定的优点，如弹性的知识设置、良好的人机交互界面等。通过网上的英语学习和课后复习等方式，应充分体现学生学习的自主性与个人化特征，强调以学习者为核心，同时也对学生的知识活动加以适当的管理与监督、及时反馈等，使互联网的使用既可以为学习者的认知意识建立提供良好的保障与服务功能，也便于学习者选用适当的学习策略，从而实现更加高效的网上学习。

笔者所在学校为一家普通高职学校，项目组经过对互联网技术教学的运用和研究，在减少教学资源差距等工作方面做出了有利的探索尝试，并希望给此类院校带来一些启示和参考。网络学习作为一个新兴的学习方法，由于关于这种学习方法的研究尚在起步阶段，所以需要为此进行比较广泛的探讨，以便得到更多的经验和有价值的信息。

第三节 高职英语网络化教学改革中出现的问题及对策

一、高职英语网络化教学改革中出现的主要问题

（一）高职学生对网络化教学平台的了解不够

总的来说，高职学生对大学英语网络教学系统了解不够，大多数学生不知道网络英语学习资源的存在。网络英语学习资源并没有得到学生的充分关注和使用，自然不能达到将先进网络运用于教学从而提高学生英语水平的目的，浪费了教学资源。

（二）高职学生使用网络化教学平台不够主动

大多数高职学生使用英语网络学习平台的主动性不够，只有在教师要求的情况下才会使用，进行学习。而且，在英语网络学习平台上学习的频率比较低，多数在一周一次以下，学生没有使用网络学习资源的意识和热情，浪费了教学资源。

（三）学生没有充分利用网络化教学平台

从学生自我认知上看，许多学生知道自己没有充分利用网络化教学平台这个教学资

源，虽然觉得新理念是个很好的学习资源，但是由于学习的积极性和主动性不够，而且大多数学生认为在网络资源上学习并不能提高英语成绩，更加减弱了学生学习英语的主动性和积极性，因此大多数学生认为自己并未充分利用这一教学资源。

（四）教师的关注和反馈较少

学生使用英语网络学习平台学习后并未得到教师的关注和反馈，学生利用网络平台学习自然需要教师给予反馈，只有这样才能实现教学相长、达到教学目的。教师没有反馈或者反馈不及时必然导致学生对这一教学资源失去信心，教师和系统在反馈方面有待改进。

（五）不能满足高职学生自主学习的需要

总的来说，高职英语网络教学平台不能满足学生自主学习的需要，教师答疑、教师面授课程功能难以实现，更缺乏讨论学习、协作学习、探索学习的方法，学生对教学系统满意度不高也在所难免。大多数学生认为在使用英语网络教学平台学习的过程中会遇到技术故障，影响了对这一教学资源的使用。

二、促进高职英语网络化教学改革的对策

（一）教务管理方面的改革

1. 教务部门应加强对英语网络教学平台在学校的推广

对英语网络教学平台的推广工作不应该只是交给外语学院，可以由各个院系自上而下地进行，将推广落实到每个学生，让每个学生知道并使用英语网络教学平台。比如，采用讲座、广播、发放指导手册等方式向学生宣传英语网络教学平台，提高其知名度。

2. 建立和健全网络教学管理系统

为实现英语网络教学目标，对相关的各层次教学管理机构，提出职能要求和考核标准，明确各级教学管理人员的职责及相互关系。为实现英语网络自主学习教与学目标，应对各层次教学管理机构提出职能要求和考核标准，明确各级教学管理人员的职责及相互关系。如，设备处负责自主学习中心的设备管理，教务处保障网络通畅，外语学院负责全部的网络教学与教学管理工作。

3. 对英语教师网络教学工作进行量化管理

对教师的网络教学思想、网络教学技能、网络教学工作态度和网络辅导、网络主持论坛、与学生网络交流、解答学生疑惑、上传英语资料和网络教学研究等提出质量标准和具体数量要求。

4.将英语网络学习纳入学分制管理

改革现行大学英语学分计量方法,将网络课程学习纳入学分中。将学生通过计算机学习获得的学分纳入到总学分之中,从而将网络英语学习融入学分制管理中,为网络英语学习提供学习管理上的保障。

(二)教师方面的改变

1.要提高网络教学的基本技能,加强对学生学习的关注和及时的反馈

唯有掌握了基本理论和基本技能,才能使教师熟练地使用现代化的教学手段,从而具备英语网络教学的能力。教师在教学过程中占主导地位,对学生的学习起着指导作用。许多学生的学习并没有得到教师的关注和反馈,说明教师很少利用英语网络教学平台进行教学,教师应该提高利用这一资源的意识,充分利用这一平台加强与学生的了解和互动。

2.为学生提供丰富、多样化的学习资源

教师应该关注和重视学习资源的提供,不只是提供与大学英语教程有关的学习资源,应该深入了解学生的学习需求,比如,四、六级考试的相关知识,考研的资料等等。而且学习资源形式应当多样化,包括音频材料、视频材料、文档材料、应用程序等等。只有这样才能提高资源的丰富性和实用性。

3.引导学生改变传统观念

在传统教学中,学生总是被动地学,等待着老师发号施令。但在新模式的教学中,学生既是学习的策划者又是参与者。教师必须辅助学生逐渐进入积极主动的状态,让他们理解自主学习、探究学习和协作学习的重要性,帮助学生确立自己的学习策略,教会他们懂得如何学习。

(三)学生要端正学习态度,提高学习意识和主动性

学生自主学习能力的培养要端正学习态度,从提高英语综合水平的角度进行和参与网络学习,并不是在教师要求和学业要求的情况下学习,在这种情况下的学习效果也不好。毕竟学生主动在英语网络教学平台学习才是利用好教学资源的最好办法。

(四)与学校实际相结合,促使其校本化

英语网络教学平台这一教学资源并不一定适应每一个学校。要根据学校自身的实际情况,结合学生和教师的需要,适当地进行修正,使其更加有利于学生自主学习英语,实现这个教学资源的校本化。想使英语网络教学平台在本校发挥出最大的教学效果,一定要由一线的英语骨干教师和教育技术专家对它进行扩展与补充,使之在最大程度上适应学生的需求。

（五）改进网络教学系统，提供人性化的学习支持服务

交互功能不强、技术系统不完善，也是本次调查中反映出的问题。理想的网络教学平台应能及时提供辅导、答疑、讨论和作业提交、管理功能。包括单元的总结，重点、难点的讲解，还要提供远程学习咨询以及能实现导航，信息交流、控制和反馈方面的服务，便于学生获得帮助与反馈信息。因此，整个系统急待加强人性化的设计和管理，避免模块和功能虚设，使系统真正达到人性化和实用化。

第四节　现代教育技术与学科课程的整合

以多媒体和互联网为核心的现代技术不但彻底改变了人们的生产和生活方式，同时变也革了人们的思想形态和学习方法，并带来了一个全球范围的跨世纪教育改革和知识革命。

一、概念界定

（一）信息技术

信息教育是指研究艺术信息的形成、收集、度量、传递、转换、管理、识别与运用的教育科技，是指人们对数字、语音、图像、音乐、绘画和摄影等各类的经验、科学知识、方法、技术的综合。它的实质是利用有意义的艺术信息的传播，为学生个人成长和社会进步服务。从文化传播的视角来说，信息化有着高效率和高效能。信息化和专业课程有机地融合一起，形成专业课程和教育中不可分割的要素。

（二）课程整合

整合是一个新概念。整合的目的与含义不仅仅是实现现代信息技术的工具功能，更是赋予传统教学全新的含义。通过融合推动教学方法的改革，以达到教学思维、内容、方式等整体上的现代化，从而突破传统教学的思维方式。

现代教学媒体应用的课程教学具有许多优点。例如，视频课程：语音再现；投影课程：平面模拟，以静止图像为主；幻灯课件：静止图形、瞬间图像；影视课件：图、文、音，以动态图形为主；多媒体教学软件系统：交互视窗、超媒体、多媒体。

二、信息技术与课程整合的起因

老师的传统教育观点与方式严重影响了学生的学习。老师的教学方式不仅与学生自身素养联系密切,同时与教育手段也密切相通。如今,尽管教学方式已经千姿百态,但各学科教师仍在遵循着传统的教学模式。

从教育环境来看,由于受到学校近年来扩招的影响,不少小学都采取了大班级教育,通常单个班级五六十人,在如此的小课堂,学生的读书、实验的机会也非常少。这就是说,学员无法把已经掌握的基础知识加以实际的训练,也没有能力进行很好的消化吸收。而老师受其影响,一直以"一言堂"的方法教育,学生学了什么也不明白。

从教育手段来看,许多高校尽管增加了不少设施,但设备的使用率不高,或者有的被闲置,未能起到应有的作用。典型的以教学内容为中心的传统教学方法,目前依然大有市场。所以,信息化手段也将成为在现代教学环境下必需的新选择。

三、信息技术与学科整合的实施

(一)以最先进的教学思想、课程理论为指导

以先进的教学理念、课程思想(特别是建构主义理论)为导向,把信息技术与学科课程融合,是为达到全面改造传统课程结构和教学本质,推动大批创新型人才培养发展的目标。所以,信息技术与学科课程相互融合的进程绝不仅是现代信息技术方法在各学科课堂上的简单应用阶段,也必然伴随教育、课程方面的一次彻底的巨大改革。以建构主义思想作为引领,针对当前教育领域的问题尤其具有针对性——其所强调的"以学生为中心",使学习者独立形成知识意义的教学理念与课程思想,对当前传统课程体系结构和教学方法是巨大的挑战。建构主义理论是在20世纪90年代初期,伴随着现代多媒体与通信技术的逐步广泛应用,而逐渐发展出来的。也可以说,如果缺少了现代计算机技术就不是建构主义的"出头之天",也不是今天的普遍作用,它还能够为现代互联网技术的发展和各个领域学科的整合,提供更强大的理论帮助。

建构主义的课堂教学设计以学生为中心,是在20世纪90年代之后由于多媒体技术和互联网信息技术得越来越普及(尤其是由于Internet的教育网络系统的应用),进而逐步蓬勃发展出来的。这些课程设置由于明确学习者是认识过程的参与者,是认识的积极建构者,所以促进学习者的积极探究、自主探索,有助于创造型人才的养成,也是其明显的特征。

（二）建构课程整合教学新模式

建立易于进行专业课程融合的全新教学方法。各级教材均应当注重根据课程的结构特色，建立既能实现信息与课程融合，又能较好地反映新课程结构特点的全新教学方法。模式的种类也是很多样的，但如果从最利于创新型培养的视角考察，则有两类基于教育信息化的管理模型，这便是可以进行信息与教学融合的教学方法，即"研发型"（或"探索型"）教学管理模式和"协同式"（或"联合式"）教学方法。

所谓研究型教学，即根据学习者语言理解水平的差异，把在社区生活中学生所感兴趣的提问以主题教学活动的形式提供，来达到专业课程中的目标。学生经过主动、探究式、创造性地解决问题的过程，把各专业的基础专业知识、学术性知识、体验性专业知识、课内专业知识和课堂之外所学的专业知识，有机地结合以及与学生生活和社会相结合，从而最大限度地促使学生的身心健康和统一发展。

（三）高度重视课程教学资源建设

缺乏充足的优质的教育资源，就无法让学生主动学习、自主探索和主动探究，老师主宰课程，学生被动接触知识的状况也无法改善，创新型人才的培育也将会失败。重视教育资源的建立，不是要每个老师都去研究多媒体资料或课程，而是需要全体老师去收集、总结并充分利用互联网上的已有教育资源。在确实找不到与课程主题有关的资料的前提下，有必要让老师自己去组织研究。注意应用"学教并重"的课程设计思想，来实现课程一体化的教育设计，让计算机既能成为辅助课堂教学的手段，也能成为推动学生自主学习的知识手段和情感激发手段。

（四）创建新型教学结构

为促进中国高等教育的深化改革，需要进一步明确教育教学过程的实质规律，在最先进的教育科学理论的指引下，要彻底改变中国传统单一的以教师为中心的课堂架构，建立既能充分发挥老师主导作用，又能充分体现学生主体性作用的新课程架构（"学教结合"课堂教学架构），信息技术与课程的融合必须紧紧围绕"全新课堂教学架构"的建立这一主要中心来展开，不要把"融合"成为技术手段与课程教育的单纯"结合"。最理想的方法是将"以教为先"的教学设计和"以学为重"的实际结合，相互取长补短，实现优点之间相互促进的"学教结合"课程设置理论；而这个理论又恰好能满足新课程架构的创设需要。在利用这种理论开展课程设置工作时，老师必须将信息当成推动学生自主学习的认识工具和情感激发工具，并且要将这一观点牢牢地、自始至终地贯彻于与教材结合的全部课程设置的活动当中。

四、教学设计的基本要求和策略

（一）关于信息化环境教学设计的基本特点

信息化情境教育设计需要能发挥信息化情境成为教师教学流程中的重要感知手段的重要作用；能反映老师为主导，学习者为主体；能适应教师个人的需求，使教学过程更具人性化；学习方法要以问题为中心，并由主要任务来驱使；学习中要有充足的探究、沟通、协调、合作的学习机会，富有创造力和生产性。

（二）信息技术与教育融合发展的基本策略

创造情景，考察与研究：借助信息化的教学环境与网络资源，创造情景（包括自然、社会、文化、各种问题情境以及虚拟实验环境），以训练学习者的考察能力、逻辑思维。

利用网络资源，自由探索：使用数字化的教学资源，利用其丰富内涵，以多媒体技术表现，培养学习者自由发现、探究的学习意识。

虚拟实践，科研探究：利用人机交互技术和数据管理信息技术，构建虚拟实践情境，提高学习者积极参与、持续探究能力以及挖掘科学的探索方式。

网络通信，协作学习：运用互联网的学习环境与网络资源，组织协作活动，培育学生协同的学习精神。

语文表述，意义建构：充分运用信息化的教学环境与教学资源，提供条件让学习者使用语音、文本表达观点与思考，从而产生个性化的知识结构。

创作实践，认知重构：运用信息化建设的学习环境与教学资源，利用信息技术工具平台，尝试创新实验，训练学习者信息加工处理与表达交流的能力。

网上测评，自主评估：通过使用信息化的教育环境与教学资源，给学习者创造自主评估反馈问题的机会。利用形成性练习、作品测评等方法获取课堂教学反馈，并调整教学的研究起点与途径。

五、信息技术与学科课程整合的原则和特点

信息技术与教学融合的理念与特色是：注重专业的交叉与复合能力的训练，提倡任务驱动型的英语教学模式，把信息当成学习者的知识工具，课程目标要把能力训练与知识掌握相结合，运用双向交互教学方法，将个别化教学和合作学习合为一体。

（一）将信息技术作为"教"与"学"的工具

信息和专业教材的融合，就是为了改革教育模式，以提高老师教学质量和学生学习

质量。要想从根本上切实解答这种提问，老师就应该从课堂教学的主要角度入手，并把主要内因（老师本身素养）和外因（老师的教学方法）同时抓住。"知己知彼，百战不殆"，老师要想作为一个胜利的老师，就得有深厚的课堂教学基础，有迎接各类挑战的才能，否则胜利仅仅是句空话。"知己"是简单的；在"知彼"这方面，老师一定要知道学生，而老师课堂教学的胜利，就必须从学生身上反映。而老师一定要主动知道学生的心理情况、学习态度如何，教学方式是否正确，以及教育环境是否适宜；除此之外，还必须了解学员的年龄、个性、文化背景、教育基础等。只有掌握了这些因素，在教育过程中才具有针对性，不会偏离目标"群众"，更能体现有的放矢，使课堂教学游刃有余，而后达到"百战不殆"的教学成效。

（二）从以"教师为中心"走向以"学生为中心"

以学生为中心的课堂，教育优势就是促使他们去积极地接触新鲜东西，也更容易反映学生的学习进步状况。在以学生为中心的课堂的整个教学过程中，把主动性让给了他们，使他们活泼、灵活地去思维，从而彻底改变了过去他们消极享受的状态，他们勤奋思维，成绩进步显著，有了学习的兴趣，自信也就更足了。所以老师必须排除过去那些以成绩为本的错误教育目标，勇于大胆革新，迅速研发出一种有效、确实有效的方法，即既能测出质量，又能体现效益。从而提高他们复习的主动性，并真正地改善过去以试卷为本的错误观点。教会学习者使用大量的在线教学资料，了解在线教学的方式，参与互动式交流，具体落实和处理学到的问题，掌握搜索引擎等网络资源、技术手段的运用，掌握信息下载的方式和整理等。

（三）以"学生为中心"信息化学习的基本要点

以学习者为中心，信息化教学的基本要求主要有以下三个方面：活动——在信息化环境中开展的教与学活动；资料——将教学内容转变为教学的信息技术资源；重构——透过运用信息技术工具，让学习者对知识进行加工与重建。学习者可以在真实世界里，从教师、同伴的身上获得讯息；透过参与试验、实践获得讯息；在文本世界里，从教材、图书、期刊等里获得讯息；在虚幻世界里，从媒介（录影带、录影、电影像等）、光碟和互联网里获得讯息。

总之，教师要始终清楚罗马不是一天建成的，因为什么大事都无法一蹴而就。教育信息化首先是一种教育问题，接着才是一种技术。现代教学唯有通过不断勤奋地学习，如饥似渴地吸收先进科学知识，应用现代教学技能，艺术的创新课程设计，改善教学活动，才能真正从课堂中培育学生的品德、心理品质和学习技能，像涓涓细流润泽学生的心田，把素质教育的春风吹向现代教学的广阔天地。

第六章 高职英语混合式教学模式

第一节 混合式模式综述

一、混合式教学模式研究综述

20世纪90年代,教育学者用了将近10年的时间对网络教学开展了实践和理论研究。结果发现,突出"学生为中心"的网络教学并没有达到预期的教学效果,"以教师为中心"的传统教学是不可替代的,这两种教学模式都存在缺点的同时也具有各自不可替代的优点。随着信息技术的不断发展,学者们尝试将两种教学模式进行融合,提出了混合式教学模式的理念。混合式教学模式一经提出便引起了国内外学者浓厚的研究兴趣,以建构主义学习理论和掌握学习理论为基础的混合式教学模式,结合时下泛在的学习环境,其实践研究值得学者们继续进一步探索。

混合式教学在英语中表达为 Blended Learning。在牛津字典中 blend 译为混合或结合,尤其是指紧密地结合以组成或构成一种统一的和谐的混合(张蕴 2009:9)。混合式教学并不是一个新的概念,从人类开始思考教学时就提出了将不同的学习经验混合起来的理念,如:孔子所提出的"因材施教",其实也是一种混合式教学的体现。多年来,学者们对混合式教学的研究一直没有中断。随着互联网、智能设备、学习软件的发展和普及,信息技术被广泛应用在英语听说教学中,而正是信息技术的引入赋予了混合式教学全新的含义。信息技术为学生获得真实丰富的学习资源,展开与同学、老师、专家之间的互动,监督课内外的整个学习过程,展示学习结果提供了新的机会。学者们在研究过程中发现混合式教学的内容非常丰富,国内外的学者从不同的角度对混合式教学模式进行了定义。

国外学者对于混合式教学模式的定义多种多样。Graham&Trick(1997)较早地提出了混合式教学类似的概念,认为混合式学习是将传统课堂与数字化技术结合的教学方式,这种解释是目前最常见的。Mason&Rennie（2002）在此基础上，丰富了混合式教学模式的概念，指出混合式教学是教学方法、技术、场景等多方面结合的方式，将其扩展到更大的范畴。Singh&Reed（2002）认为混合式教学的核心就是在"适当的"时间采用"适当的"教学技术和适应"适当的"学习风格，为"适当的"人传授"适当的"技能，以达到优化与学业目标对应的学业成就。Thorne（2003）则认为混合式教学模式是由在线学习演变而来的，混合式教学模式是一种由传统的课堂学习结合多样的教学方法与线上学习相结合的一种教学方式。Garnham&Kaleta（2002）认为混合式教学就是将教学中一部分重要的教学活动移到网上，而这部分教学活动在传统课堂中占的时间就减少了。这种混合式教学的目的就是要将课堂学习的优势和网络学习的优势结合起来，从而利用网上学习的灵活性为学生提供自主学习的机会。2011年科利斯和慕南将混合式教学模式定义为传统的面对面教学和网络教学相结合，从而使教学既可以在课堂上也可以在网上开展，网上的教学自然而然地成了课堂教学的一种延伸（黄晓璇 2013：8）。Watson（2008）也持有相似的观点，他把混合式教学定义为在线教育和面对面教育的融合。2002年德里斯科尔在她的书中总结出"混合"的四个方面的含义："一，混合式教学是将多种网络化技术混合起来，实现某个教学目标；二，将多种教学方法和教学技术结合起来，产生最佳的学习效果；三，将多种教学技术与面对面的教师指导和培训结合；四，将教学技术和实际工作任务混合，以产生好的学习和工作效果。"（Oliver&Trigwell 2005：17-26）

在国内研究方面，2003年12月举办的第七届全球华人计算机教育应用大会上，何克抗教授首次提出了"混合式学习"的概念，自此，混合式教学的研究开始在国内展开。何克抗（2004）教授提出混合式教学就是要把传统教学和网络教学优势结合起来。他强调混合式教学既要发挥教师引导、启发和监控教学过程的主导作用，又要充分激发学生的能动性，通过加大参与，发挥学生主体的主动性和创造性。同年，李克东、赵建华（2004）提出混合式学习是对网络学习进行反思后出现在教育领域的一种现象，或者说是网络学习的发展，其主要思想是通过有机地整合面对面教学和在线学习两种学习模式，降低成本、提高效益。云红（2011）认为混合式教学模式是计算机辅助学习方式与传统学习方式相结合。网络环境下的教学与传统的教学，不仅是教学环境的不同，在教学内容、教学手段、教学传播形式上都有本质的区别。赵楠（2015）等人认为混合式教学是移动学习方式和传统学习方式的混合；是翻转课堂和传统课堂的混合；是自主学习和合作学习的混合；是形成性评价和终结性评价的结合。高西（2017）认为混合式教学即教师以移动设备为媒介，通过信息技术将多种学习模式进行有层次有组织的结合，为学生提供丰富多元的学习选择和学习途径。马雪松（2018）认为混合式教学模式指的是利用网络资源与教师课堂教学的混合,旨在促进师生在线交流并将传统教学和网络化教学的优势加以结合。

随着时代的发展,"混合式教学"作为一种特殊的教学形式得到了相当广泛的应用。然而,像这个领域中的许多术语一样,研究者们并没有给它一个统一的定义。混合式教学的内涵在原来的基础上不断拓展深入,它值得学者们继续探究。但总体来说,混合式教学模式就是传统教学和网络课堂相结合的一种教学模式,这是国内外学者最赞同的一种定义。通过混合将各个教学要素(学习者、教学者、教学内容、教学环境、教学评价等)有机地结合起来,最大地提升教学效率,全方位地培养师生的教和学的能力,促进师生、学生之间的互动、互助,这种优势是单一的传统课堂或网络课堂所不能比拟的。新时期,混合式教学的进一步探索和研究,对促进英语听说教学有着非凡的意义。

二、理论研究综述

国外关于混合式教学的研究开始的比较早,在20世纪90年代,混合式教学开始流行,国外学者们便连续不断地投入研究工作中,并在理论研究和实践研究方面都取得了一定的成果。许多国外的学者和研究所对混合式教学理论提升与发展做出了极大的贡献。

2002年,印度国家信息技术研究所在《混合式学习白皮书》中提出将混合式学习归纳成三种模式,即技能驱动模式、态度驱动模式、能力驱动模式,Singh(2003)论述了混合式教学的各类观点,并讨论了混合式教学项目可能的维度和组成部分。提出了混合式教学的五个维度,即线下学习和线上学习的混合;自主学习与合作学习的混合;结构化学习和非结构化学习的混合;固定的学习内容和拓展学习内容的混合;学习和工作的混合。Garrison&Kanuka(2004)在高等教育面临挑战的背景下,探讨了通过混合式学习进行变革的可行性,并且重新思考和重构学习经验,分析混合式教学的变革潜力,也提出了实施混合式学习方法的行动计划纲要。最后他们认为混合式学习与传统教育的价值观是一致的,并对学生提高学习经验是有帮助的。

国外混合式教学理论的研究,给中国教学改革带来了启示。自从2003年何克抗教授率先为大家带来混合式教学的概念,学者们就开始反思中国教育体系,提出基于中国国情的混合式教学模式,强调既要发挥教师教学中的主导作用,又要发挥学生的学习主体作用,做到学习的授体和学习本体结合的教育思想。

何克抗(2003)教授认为混合式教学就是把传统教学和网络教学的优势相结合。赵丽娟(2004)较早地在国内将大学英语教学和BlendedLearning结合起来,提出当前我国英语教学中全面实质性地利用了计算机网络技术,教师需要正确地把握混合式学习的本质,并将其应用于教学中,这不仅有利于教师教学水平提高,还将有助于教育技术在英语教学改革中发挥越来越重要的作用。吴美萱(2018)对混合式教学模式下英语学习者的动机进行了研究,指出混合式教学能有效激发学习者的学习兴趣和学习动机,推动教与学的共同发展。

这些理论研究为混合式教学的实践研究奠定了基础,对混合式教学实践的开展有非常重要的指导性意义。

第二节 混合式模式教学的理论基础

一、建构主义学习理论

该理论兴起于20世纪80年代末90年代初,最早是由瑞士的心理学家皮亚杰提出来的,他认为人们是在与自身周围环境相互碰撞中逐步形成对外部世界的认识,并逐步发展出自己的知识体系(何克抗)。建构主义理论的主要代表人物有:皮亚杰、科恩伯格、斯滕伯格、卡茨、维果斯基(司显柱、赵海燕),国外在此理论基础上开发的典型教学模式有抛锚式、支架式、随即进入式等。显然此理论对传统教学理念带来了很大冲击和挑战,但也为教学模式变革和发展提供了契机。

1989年,Browne7H.(1989)首先提出并定义情境认知的概念。他们认为,每个个体在日常生活中都有自己的情感和理解等特性,并形成了丰富的经验,所以知识不是通过教师教授获得的,而是学习者在一定的社会文化背景下,在教师和同学的帮助以及必要的学习资源的使用下,结合自身知识体系和经验去理解新的学习内容,从而赋予新知识以某种新的意义。1995年维特洛克提出学习的形成过程就是学生原有认知体系与外界所给予的新的信息相互影响的结果(李润坤,2015:8)。1999年杰奎琳和马丁两位学者的《建构主义课堂教学案例》阐述了建构主义教学的五大原则:

第一,教师需要激发学生的学习兴趣。

第二,课程准备成有利于学生学习的内容。

第三,教师应当主动认真倾听学生的想法,寻求并重视学生的意见。

第四,指明学习理念,让学生在理念中体会个人收获。

第五,在教学情境中对学生学习进行评价,注重实用,有利于学生加深认识(布鲁克斯2005：24-26）。建构主义学习理论认为学习是通过"情景"、"协作"、"会话"和"意义"四个主要要素构建而成，就是通过为学生提供有利于学习的环境，再通过与老师、与同学之间的协作，交流学习困惑和收获，进而实现学习的目标。

20世纪90年代建构主义学习理论被引入国内，学者们对其开展了大量的研究和教学实践，随着信息技术的高速发展，许多学者开展了以建构主义学习理论为基础的网络英语教学研究。

杨善江（2007）基于建构主义理论提出了基于网络环境下的高职英语研讨式课堂教学模式，以高职英语写作为视角，阐述了情景、探索、协作、评价、操练和运用六步教学法在网络环境下的具体运用。陶久胜（2013）从实证的角度出发，探讨了基于建构主义理论的网络环境下英语自主学习，认为此方法不仅仅能够提高学生的英语水平，同时也极大地促进了学生的自主学习行为。刘志明（2014）对建构主义理论下的课堂情境创设进行了探讨，提出了基于建构主义理论的情境教学法，分析了创设课堂情境中遵循的要点，阐述了情境教学法的实现途径和重要意义。周荣生（2018）提出了基于建构主义理论下的英语教学模式——任务型教学模式、支架式教学模式、"互联网+"教学模式，强调充分发挥学生的主动性，利用信息技术优化学习环境，培养创新型外语人才。

建构主义者认为，不同于传统教学理念，教师不再是课堂的主宰，课堂应该以学生为主，教师的角色应该转换成组织者、设计者、引导者、监督者。学习者的个人经验各不相同，在学习的过程中每一个学习者对学习内容的理解是不一样的，并且在学习中每一个学习者的学习习惯、学习效率、学习感受都是不一样的，教师要充分考虑这一点来进行教学设计。传统课堂上教师的教授和单向的知识输出，对学生习得知识的帮助不大，知识的掌握主要是通过学生自身的体会获得的。教师应该创设各种有利于学习者的学习情景，并促进学生之间的小组协作及师生之间的合作，来帮助学习者获得学习的体验，实现新旧知识的融合，最终实现意义建构。这种观点与高职英语教学要求中的"做中学，做中教"以及强调培养学生的自主学习能力和实践应用能力高度契合。

在本研究中，笔者在进行混合式教学模式的教学设计时，充分研究了建构主义学习理论的核心思想，引入了建构主义学习理论的四个要素：情景、协作、会话、意义建构。在开展混合式教学实践时，采取以任务为驱动，让学生通过小组协作，师生交流等方式完成学习任务，获得学习体验，进而掌握知识和技能。第一步，课前准备——创设情景。英语水平不同的学生可以利用笔者在网络平台上所创设的学习资源，根据自身的学习习惯、学习能力开展自主学习，教师针对教学内容创造学习情景，通过向学生征集图片、组织学生录制视频、观看微课、网上讨论等方式引起学生的学习兴趣，并通过网络指导学生完成课前个人学习任务和小组学习任务,以保证课前学习的有效性,为课堂教学做好准备。第二步,课中学练——促进协作、会话。课堂上教师根据听说教材的内容设计分为四个分级学习任务。整个课堂以学生准备为主、教师准备为辅,学生通过参与个人展示、两人对话、小组讨论、代表汇报的学习活动,获得经验、交流学习、分享成果,教师全程实施帮助和监督,充分发挥学生主观能动性和团队协作能力。第三步,课后总结——实现意义建构。通过学生互评和教师点评,帮助学生融合新旧知识,促进学生实现意义建构,并通过布置课后学习任务,帮助学生再次巩固所学内容,进一步实现意义建构和知识内化。

二、掌握学习理论

20世纪60、70年,美国当代著名教育家布鲁姆在其教育目标分类学理论基础上,提出了掌握学习的理论,为教育研究做出了极大的贡献。

该理论强调在以班级授课制为基础的集体教学形式下,教师为学生提供充足的学习时间和所需的帮助,并给予及时的反馈和矫正,确保学生在掌握基础的学习内容后,再进行较高级内容的学习,最终使大部分学生达到课程目标所规定的标准(张擀2011:165)。其核心思想是"为掌握而教"与"为掌握而学",这与高职英语教学提倡的"够用为度,实用为主"高度契合。布卢姆所提出的适应学生个体差异的"掌握学习教学理论"认为,处于个性化教学组中的学生,即便是学习能力差的学生,学习成绩也可以达到优等,但是处于群体教学中的学生,成绩差别很大;他认为只要提供适当的现实的条件,几乎所有的人能学会一个人在世上应学会的东西。布鲁姆及其同事通过大量的教学实验证明掌握学习教学效果良好(纪淑军)。

这一观点打破了学生有好生和差生之分的传统教育观念。为改变高职英语听说教学低迷,费时低效的现状提供了新的思路,也给笔者提高基础薄弱的高职学生的听说能力增强了信心。同时还打破了教师将高职学生英语成绩不理想,归结为学生的基础不好,而不反思自身的教学存在不足的惰性思维。掌握学习理论为"因材施教"的教学原则提供了更有力的理论支撑,与国内所提倡的"一切为了学生,为了学生的一切,为了一切学生"的教育理念相符合(彭丽华)。"反馈—矫正"是布卢姆掌握学习的核心内容之一,因此教师应保证教学评价贯穿于整个教学过程,通过不断评价让学生获得鼓励,从而获得学习的成就感(刘野)。掌握学习理论认为影响学生学习的三个主要因素是:认知前提,即学生学习新知识前的准备,占50%;情感前提,即学生对所学内容的动机、情意、态度、兴趣等,占25%;教学质量,即教学与学习者程度的适应性,占25%。(张婷婷)

目前，我国已经进入"互联网+"时代，教育资源的共享与分享不再遥不可及，人们对教育公平的追求，对教育优质均衡发展的注重，以及国家对高职院校人才培养的重视，都意味着教师不能再用一本教案、一种模式来开展教学。本研究中的混合式教学模式注重学生的个体差异，针对高职学生英语听说能力差的现状，利用信息化技术创设丰富的资源，利用优良的学习环境让学生拥有充足的学习时间和机会，让不同层次的学生都能在原有的基础上得到发展，最终掌握所学知识。掌握学习理论对本研究的指导贯穿在整个教学实践中。首先，考虑到学生在课前的知识准备对学生的学习效果影响达到了50%，笔者在实验前创建了一门完整的《高职实用英语》网络课程，包含了丰富的原创学习资源和拓展资源：视频、PPT、教案、音频、测试等。学生可以用电脑和智能手机随时随地开展自主学习，根据自身的学习情况制订学习计划。其次，考虑到情感因素对学习效果的影响，笔者通过网络和课堂及时与学生进行交流沟通，并通过将学习内容与生活实际相结合，挖掘学生感兴趣的资源和话题，以最大限度地激发学生的学习兴趣，适时进行情感教育，帮助学生端正学习态度。通过将学生按寝室进行分组的形式，加大对学生的督学力度，通过课堂观察、检查作业、随机访谈、组长反馈的形式，各方面了解学生的学习情况，及时对教学做出调整，以满足学生的学习需求。在教学过程中坚持对学生采取形成性评价和终结性评价相结合的多元考评方式，利用网络留言和课堂点评的方式对学生实施鼓励，保持师生之间的良好关系。最后，考虑到教学质量对教学效果的影响，笔者通过在教研室进行集体备课，开展公开课，参加各级教学设计比赛的方式，打磨优质听说课，同时在班级QQ群中开展意见调查，了解学生对学习的需求，及时做出改进，以保证教学符合学生的发展需求。

总之，本研究利用网络技术，较为理想地构建了符合这两种教学理论所倡导的学习环境，显然这两种理论对传统教学模式提出了挑战，但是对英语听说教学改革有着重要的指导意义，本研究的各个环节都离不开这两个理论的支撑。

第三节　高职英语教学混合式模式应用实践

一、实验设计

结合"互联网+"大环境下的教学条件和教学要求，分析高职英语听说教学的现状以及高职学生的特有学情，针对高职学生在"合适的"时间采用"合适的"方法开展"合适的"混合式教学实践,本节将从以下三个方面来陈述实验设计:研究问题、实验对象和实验工具。

(一)研究问题

笔者通过在高职院校执教,发现高职英语听说教学存在着"费时低效"的问题,于是查阅资料、文献,访谈学生和同行,对高职学生进行学情分析,发现造成这种现象的原因主要有以下三个方面:

(1)高职学生英语基础差,英语水平分布不均衡,学生缺乏学习英语的兴趣。

(2)高职学生学习英语的动机比较机械,属于被动学习型,缺乏良好的学习习惯和自主学习的能力。

(3)目前的英语课堂教学模式比较单一,虽然是多媒体教学,但仍然没有跳出传统课堂以"教师为中心"的教学模式,这让本身就对英语缺乏兴趣和自信的高职学生更难以主动积极投入到学习中去。

近年来笔者积极投入到信息化教学改革研究中,参与了多项省级网络课程建设和应用项目,以及信息化教学课题的研究,并参加了各级信息化教学比赛,发现以信息技术为依托的混合式教学模式与当前新时代教育改革的目标高度契合。经过分析研究与思考,最终决定采用《高职实用英语》教材作为实验的主要教学材料,在笔者所在院校的一年级新生中选取两个班开展教学实验,一个班采用混合式教学,另一个班采用传统教学。研究主要围绕以下三个问题进行:

1.混合教学模式对高职学生英语听说学习兴趣有何影响?

兴趣就是最好的学习动力。大量的研究和实践证明,学习兴趣是促使学生产生学习动力最好的催化剂。学习兴趣促使学生学习的因素从外因转化为内因,让学习兴趣和动力更有效、保持得更久。高职学生学习兴趣的缺乏是英语听说教学中的一块绊脚石,它严重影响了课堂教学的有效进行,并且英语学科教学内容的特殊性在于单元与单元之间是平行关系,除了围绕的话题不同,每单元内的模块设置都一样,比较单一。如果还采取传统的"以教师为中心"的单一教学模式,除了少部分基础好又积极参与课堂的学生,剩余的大部分学生很难在课堂上体会到学习的成就感,这将导致学生进一步丧失学习的兴趣,甚至放弃学习。因此,本研究要验证的第一个问题就是混合式教学对高职学生英语听说学习兴趣的影响如何。

2.混合教学模式对高职学生英语听说自主学习习惯有何影响?

根据建构主义学习理论,教师要为学生的学习创设情景,并促进师生和学生之间的交流互助,最终帮助学生实现新旧知识之间的融合和意义建构。这就要求学生要有自主探究、自主学习、协作学习的习惯和能力。《国家中长期教育改革和发展规划纲要（2010—2020）》明确指出要培养学生运用信息技术分析解决问题的能力，并学会利用信息技术进行自主学习。由此可见自主学习习惯的培养是新时代人才培养的重要目标，而在各高职院校学生的人才培养方案中也体现了这一理念，要培养学生的实践应用能力和动手能力。语言的学习是一种可持续发展的学习，课堂是有限的，但学习是无限的，除了教给学生语言知识外，我们更要注重培养学生良好的学习习惯。正如古语所说，"授人以鱼不如授人以渔"，学生获得了自主学习的能力，有了自主学习的习惯，课堂的知识就会充满无限可能，学习将变成一种可持续发展的状态，而不是止于课堂、止于考试、止于学校。因此，本研究要验证的第二个问题就是混合式教学对高职学生英语听说自主学习习惯的影响如何。

3.混合教学模式对高职学生英语听说学习效果有何影响？

学习效果是对教学实践的验证，它能反映出教学实践是否有效。目前高职英语听说教学的效果并不理想，如上所述原因是多方面的，其中导致英语听说教学费时低效的一个客观因素就是教学模式单一陈旧。虽然20世纪90年代就开始流行网络教学模式，它让多媒体元素如PPT、音频、视频进入了传统课堂，并且使远程学习成为现实，但由于忽略了教师的主导作用和监督作用，教学效果并不明显。由于网络教学中教师无法有效介入，监管学生的学习，教师只是将各种多媒体资源当作是一种教具，实际上网络教学可以提高教学效率。而混合式教学就是有效地融合了实际课堂和网络课堂的全新教学模式，在无线网络全面覆盖、移动智能设备使用普及、各种手机端的学习APP推广使用的背景下，混合式教学模式让笔者看到了改变当前高职英语听说教学现状的可行途径，并且近年来学者对混合式教学模式的研究热情以及研究的结果也让笔者坚信有望通过混合式教学模式来突破高职英语听说教学的困境。通过实验，笔者希望混合式教学模式能增强学生英语学习兴趣，提高学生英语听说能力，并培养学生利用信息化的资源和网络学习平台以及各种英语学习APP进行自主学习的习惯，达到促进英语听说教学效果的目标。因此，笔者将混合教学模式对高职学生英语听说学习效果有何影响作为第三个研究问题。

（二）实验对象

本实验的研究对象是笔者所任教的湖南某高职院校的17级护理专业两个大一平行班，笔者是这两个班的任教老师。17级护理专业有19个班级，除了护理1班是重点班，护理14—19班是对口升学班，其他班级都是平行班，没有特殊生源。为了保证实验的顺利进行，笔者在所任教的班级里面选择了两个人数相当、英语基础相当、学习态度端正的班级作为实验对象。其中实验班护理2班一共有学生59名，其中女生55名、男生

4 名,对照班护理 3 班一共有学生 58 名,其中女生 54 名、男生 4 名。两个班级班风良好、管理有序,为实验的顺利开展奠定了基础,降低了实验中变量的出现概率,作为研究对象具有代表性。

(三)实验工具

在实验过程中,为了全面了解和掌握学生的学习情况和收集实验数据,本研究所采用的实验工具有三种:英语听说测试卷、调查问卷、访谈。

1. 英语听说测试卷

英语听说测试分为前测和后测。前测和后测的题型相同,难度一致,均有较高的可信度。前测在开学的第一周进行,此测试的目的是测验 17 级护理 2 班和 3 班学生在实验前的英语听说水平。后测在实验结束后进行,此测试是为了检验实验班学生听说成绩是否有显著的提高,同时对比实验班和对照班在实验前后听说水平变化之间的差异是否显著,从而验证混合式教学模式在高职英语听说教学中是否有效。

英语听说测试包括两个模块,即口语模块和听力模块。听说测试成绩由口语部分和听力部分合并,最后折合成百分制,以便统计分析。

口语测试时间 10 分钟,计分 15 分,试题选自高等教育出版社出版的《全国高职高专实用英语口语大赛赛题精选》中早期的真题,题型为根据所给的资料信息,回答测试教师(本班任教老师)提出的问题,测试内容的难度与全国英语等级考试 PETS 二级难度相当。但问答互动由师生一对一完成,避免了二级考试中由一组学生问答互动,可能出现学生水平不一致造成的不可控变量因素。每次测试准备两套真题,口语测试时学生随机抽取一套进行考试,测试前给学生 10 分钟的时间准备。口语测试前参考全国英语等级考试 PETS-2 级评分标准制定了统一的评分规则,由同一名教师(非本班任教老师)评定,避免评分不公,负责考试的教师均有全国英语等级考试口试考官证。口语测试主要是考查学生使用英语表达的流利度、发音的规范程度和内容表达的准确性。

听力测试时间 15 分钟,计分 15 分。试题选自全国大学英语应用能力等级考试 A 级真题,包括三个大题:第一题是短对话选择题,一共 5 小题;第二题是长对话选择题,一共 5 小题;第三题是听短文填空题(按照所听到的内容填空),一共 5 小题。听力的 15 道题都是客观题,避免了人为主观评价的干扰。听力部分主要是考查学生听懂对话内容、捕捉关键信息的听力理解能力。

2. 调查问卷

通过查阅资料、研读文献、咨询专家,笔者参照他人关于高职英语教学相关研究的硕士论文里的问卷(程琪 2017:4647)以及问卷星软件上的问卷模板,根据本研究的需要进行了调整,采用李克特五星量表设计了前后问卷。为了保证问卷的信度和效度,笔者设计好问卷初稿后均先请实验班的15位同学做了问卷,并征求了他们的意见,将问卷中可能存在歧义的内容进行了调整和修改,然后对问卷进行了内部信度检测,将问卷的数据用SPSS2L0先进行标准化处理,再进行信度分析,结果显示前测问卷的Cronbach'sAlpha系数值为0.820,后测问卷的Cronbach'sAlpha系数值为0.906,均大于0.8,证明问卷的信度较好。

前测问卷主要是从三个维度展开调查。第一个维度:调查学生使用移动设备学习的现状;第二个维度:混合式教学在高职英语听说教学中的可行性;第三个维度:学生对英语听说学习的兴趣和学习习惯。以此来分析学情,以便在教学实践中根据学生的情况来设计合适的教学活动,促进混合式教学实践的开展。

后测问卷主要是从三个方面开展调查。第一个方面:学生对混合式教学在英语听说教学中的认可度;第个二方面:混合式教学模式对学生的学习兴趣的影响;第三个方面:混合式教学模式对学生的学习习惯的影响。

问卷调查结束后,将收集的数据通过SPSS2L0进行了相关的效度分析,得到如下结果:前测问卷KMO结果值为0.859,后测问卷的KMO结果值为0.875,显著性水平远小于0.05,通过了巴特利球型检验,说明问卷调查的数据具有一定的效能。

3. 访谈

访谈是为了进一步了解学生对于混合式教学模式的主观评价,并搜集学生在此次混合式教学中遇到的问题以及他们的一些建议,以便在今后的教学中进行完善和改进。访谈的对象是根据后测成绩和平时学习表现成绩综合考虑确定的,一共在班上抽取了15名同学,包括5名学习较好的同学(综合成绩前五),5名学习一般的同学(综合成绩居中)和5名学习不太好的同学(综合成绩排后五)。访谈的主要问题如下:

1. 你喜欢这个学期利用网络开展的混合式教学模式吗?
2. 你认为影响你英语听说学习最主要的因素是什么?
3. 你认为新的教学模式对你的自主学习能力有影响吗?举例说明。
4. 你认为混合式教学对你的英语听说水平有促进吗?
5. 你在利用网络自主学习时遇到过困难吗?是什么呢?
6. 你对当前的教学模式有什么建议呢?

二、混合式教学模式实验过程

教学实验从2020年3月开始到6月结束,历时12周。

在教学实验中，笔者在做教学设计时充分地考虑了建构主义学习理论和掌握主义学习理论中所倡导的教学原理，查阅了大量的文献，分析了许多已有的教学案例，并将成功的经验应用在本次教学实践中，以期通过混合式教学模式来打破时间和空间对学生学习英语的限制，突破英语听说教学的瓶颈。实验的教学内容选自国防科技大学出版的《高职实用英语》1—5单元，每个单元分为5个模块：听说模块、阅读模块、练习模块、语法模块、写作模块。本次研究选取听说模块作为混合式教学的实验内容，两个班级课程进度、周课时数一致，具体实验步骤分为实验前期、实验中期、实验后期，如后文所示。

（一）实验前期

为了确保混合式教学在听说教学中顺利开展，实验前期主要做了三方面的准备：

1. 建设网络课程资源，组建班群。2017年9月笔者开始建设网络课程资源，在原有的《高职实用英语》大学城空间网络课程的基础上，进一步根据实验需求将听说部分的资源碎片化，以方便学生利用电脑和智能手机进行自主学习。网络课程包括PPT库、微视频库、音频库、测试库、作业库、拓展库等丰富的资源。主要内容围绕《高职实用英语》教材1—5单元制定，主题有职场、广告、家庭、婚姻、梦想。笔者建立了一个班级QQ英语学习群。并将实验班的学生按寝室分成了10个学习小组（其中四个男生和三个女生安排在一组），每组选取组长一名，单独设立一个QQ小群，以协助学习的开展和教学实验的进行，也方便收集资料、统计数据。同时告知学生本次教学实验的目的，以及实验的开展方案，网络学习平台的操作使用说明，强调完成实验期间任务的重要性，呼吁学生积极配合教师完成实验。

2. 听说前测。为了了解两个班级实验前的英语听说水平，开学第一周对两个班的学生进行听说前测。英语听说前测试卷包括两个模块，即口语模块和听力模块。口语部分主要是考查学生使用英语表达的流利度、内容表达的准确性和发音的规范程度。听力部分主要是考查学生听懂对话内容、捕捉关键信息的听力理解能力。

3. 前测问卷调查。前测之后，对实验班17级护理2班进行了问卷调查。以便全面掌握学情，制订出合适的教学计划和方案。

（二）实验中期

1. 在对照班（护理3班）采取传统教学方法，教材为主要学习内容，教材配备的音频和视频以及PPT课件为拓展资源，教师主要在课堂上对学生进行听说训练，当堂考评结合作业考评考核学生的学习成果，告知学生可以利用网络学习平台、手机APP进行自主学习，也可以小组协作学习，但不布置自主学习任务。

2. 在实验班（护理2班）采取混合式教学模式。下面以第二单元Family的听说训练为例，详述混合式教学模式在听说教学中的应用听说模块的课堂教学内容分为四个部分：①看图说话；②会话模仿；③主题讨论；④总结汇报。教学计划课堂授课时间为90分钟。听说部分的教学设计以皮亚杰建构主义学习理论为支撑，按照情景—协作—会话—意义建构四要素设计教学，以TBLT（任务型教学法）为核心的教学理念，结合情景教学法，以任务驱动让学生通过自主探索、角色扮演、小组合作、总结汇报完成学习任务，习得新知识。整个教学过程分为课前热身、课中实践、课后提升三个步骤。

第一步课前热身。

通过QQ群向学生发送本次课的课前任务链接，学生进入学习平台领取学习任务单。课前一共设置了三项任务：

任务1，选词造句：学生根据教师所提供图片，利用有道词典进行搜词、造句，自主探索学习，将搜索到的单词收录到专属生词本，利用词典的发音检测功能，练习发音造句，帮助解决语音语调不准、单词记忆困难的教学难点。任务1中学生所搜集到的词和句要求上传到学习平台共享。

任务2，吐槽大会：学生分学习组录制小视频，每人一句话吐槽自己与父母之间的代沟问题，引导学生抒发情感，帮助教师了解学生所面临的实际代沟问题，以便提出相对解决策略。任务2中小组录制的视频要求上传到QQ学习群共享。

任务3，影片配音：学生利用"趣配音"软件，对影片《摩登家庭》中的Yourskirtistooshort经典片段进行配音练习，了解国外家庭子女和父母之间那些事，提高学习兴趣。任务3的配音发布在趣配音APP里。

三个任务中学生所创造的资源成为新的共享学习资源，也为教师的课堂教学提供了素材。根据布鲁姆的掌握学习理论，只要给予学生足够的时间和充分的资源，每一个学生都能习得所学知识。网络平台上的课程资源以及QQ群内的分享资源、手机APP的练习资源，学生都可以根据自己的需要反复学习、重复练习。我院无线网络全部覆盖，学生可以随时随地开展移动学习，碎片化的学习资源简单易接受，观看时播放流畅不卡机，学生在自主学习时可以与同学讨论，也可以与教师直接交流。

第二步课中实践。

课中教师引导学生完成四个分级学习任务，即任务1看图说话、任务2会话模仿、任务3话题讨论、任务4总结汇报。

任务1，看图说话：教师展示课前任务中学生收集的图片，导入话题，继而邀请学生看图说话，检测学生课前预习情况，教师实时点评，纠正错误发音，扩展补充，示范正确表达。接着邀请学生参加30秒写单词比赛，写对写多者为胜，给予平时分奖励。

通过学生分享、教师拓展、比赛竞争的方式,让学生获得参与感,培养学生学习兴趣,激发学生竞争意识。

任务2,会话模仿:学生观看学习小组录制的"吐槽大会"视频,同学之间产生情感共鸣;进而观看对话微视频中的代沟对话,跟读模仿,根据自身学习情况控制视频播放进度,有效地照顾到不同层次学生的学习需求。学生利用自己所吐槽的实际内容仿写对话,角色扮演,加深知识内化。教师全程实施监督、帮助,记录学生课堂表现作为形成性考评依据。该环节通过视听输入、仿写加工、表演输出,将生活实际和课堂学习相结合,培养学生自主探索和主动沟通的意识。

任务3,话题讨论:通过观看一段影片《摩登家庭》中父母与子女日常对话的视频,教师积极引导学生围绕代沟话题进行小组讨论,分析解决代沟问题的方法,培养学生协作意识和分析问题解决问题的能力,教师全程监督帮助学生完成讨论,纠正学生的一些错误发音和表达。

任务4,总结汇报:学生按组派代表上台就讨论结果做report,共享学习成果,学生利用学习平台自带的投票功能进行实时投票和组际互评,将课堂氛围推向高潮,增加课堂的凝聚力,让每一个学生都能获得较好的学习体验。然后由教师总结点评,选出本次听说课中的最佳汇报人(TheBestPresenter)。小组汇报是小组成员讨论的结果,也是小组分工合作的体现,能积极帮助学生实现意义建构,让学生获得成就感,激发学生的协作学习。

第三步课后延伸。

课后延伸主要是为了进一步强化听说训练,全面点评学生,纠正学生的错误发音和表达。课后共设置两项任务。

任务1,学生按组在QQ学习群内围绕课堂话题,再次进行语音讨论,进一步强化听说训练,教师用量表记录每组同学的发音表达情况,更精确地一对一指导学生发音和表达,弥补教师课堂指导时间有限不能逐个指导纠正的不便,同时让听说水平较弱的学生也有表达的机会,并在小组听说水平较好的同学帮助下,完成学习任务,克服畏难心理。

任务2,将课堂讨论结果写成书面报告,以文字版和语音版两种形式上传到QQ作业平台,教师在网上进行一对一点评,解决了教师教学工作繁重、学生人数多面对面汇报不可实现、课本作业不方便携带的难题,让学生能更好地获得个性化的学习指导。学生也可以登录教师网络学习平台,根据自身听说水平和学习进度,利用课程同步资源制订个性化的自主学习计划。

在教学实验过程中,学生学习情况的记录、分析、点评是需要大量的时间的,笔者坚持及时点评，用表格记录学生课内课外的各项学习表现（语音作业、书面作业、小组讨论、小组汇报等），每单元进行一次汇总，先将纸质版的点评记录发布在QQ群内，然后在课堂上进行集中点评，表扬表现良好和有进步的同学，让每一个学生都得到关注和鼓励，让肯定教育发挥最大的作用，以增强学生的学习信心和学习动力。试验期间一共积累了单元学习情况记录表50份。点评是有时效性的，教师口头点评和量表书面点评避免了点评不及时、不全面造成的消极影响，让学生觉得受到了肯定和重视，这一点对培养学生的学习信心很重要。

在教学实验中所涉及的其他单元的听说模块教学过程与第二单元一致，但在学习资源建设上，笔者针对不同的单元主题设计了不同的任务，并将学习内容制作成碎片化学习资源，如PPT、微视频、微练习、单元模块任务单、电子教案等，以期为学生的学习创设良好的情景。并将较难的任务分解成一个个小任务，逐级增加难度，学习内容从词到句、从句到对话层层递进，符合高职学生的认知规律。虽然每单元的听说模块教学过程相似，但由于围绕不同主题提供了丰富多彩的资源，搭建了不同的情景，学生在每一个单元的听说训练中都有新体验。教师还注重引入情感教学，让学生在学习语言的同时，延伸到生活感悟，让学生能学有所思、学有所为。

（三）实验后期

为了检验实验的效果，分析实验对英语听说教学的影响，实验结束后对学生进行了听说后测、后测问卷调查和访谈。

1. 听说后测。在教学实验结束后，笔者再次对两个班的学生进行了听说测试。测试在第十二周进行，测试内容的题型、测试时间和方法、监考老师、评分方式与前测一致。

2. 后测问卷调查。实验结束后，对实验班进行了后测问卷调查。以了解学生对混合式教学模式在英语听说教学中应用的态度，以及这种教学模式对学生的学习兴趣和自主学习能力的影响。

3. 访谈。实验结束后，对实验班的学生进行访谈。进一步了解学生对于混合式教学模式的主观评价，并搜集学生在此次混合式教学中遇到的问题以及他们的一些建议，以便在今后的教学中进行完善和改进。

（四）收集数据

通过12周的教学实验，笔者收集了丰富的数据，数据来源于两次测试、两次问卷调查和访谈。

2021年3月份开学第一周对学生进行了前测，测试分为两个环节：听力和口语。听力考试两个班学生统一在多媒体教室里进行，考试时间为15分钟，由笔者和2个班的辅导员同时监考,以保证考试成绩真实有效。参与考试人数117人,收回试卷117份,考试结束后由笔者阅卷,统一录入成绩,并再三核对,以确保无误,用Excel将数据妥善保存。口语环节由笔者和两位同事担任考官,三位老师都有全国英语等级考试口试考官证,有担任往届全国英语等级考试口试考官的经验。一名老师负责安排学生入场,每位学生有10分钟时间准备,主考官由笔者担任,负责与学生情景交流,另一老师全程不发言只负责打分。参与考试117人,完成评分117人次,最后由笔者录入成绩,与听力成绩合并,用Excel转换成百分制。

前测问卷选择在晚自习填写,填写时告诉实验班学生该问卷调查用于教学研究,对大家的成绩无任何影响,要求学生独立完成,据实回答,填写期间不准讨论,要求在15分钟内完成,发出问卷59份,收到有效问卷59份,笔者用Excel软件对数据进行了统计和分析。

实验结束对学生进行了后测,按前测的操作流程对学生再次进行英语听说能力的测试,参与考试117人,收到听力试卷117份,完成口语评分117人次,并按照前测相同的方式认真收集了数据。

后测问卷选择在晚自习填写,填写时告诉实验班学生该问卷调查用于教学研究,对大家的成绩无任何影响,要求学生独立完成,据实回答,填写期间不准讨论,要求在15分钟内完成,发出问卷59份,收到有效问卷56份,三人因请假未参加晚自习故未填写,笔者用Excel软件对数据进行了统计和分析。

最后,笔者从实验班选择了综合成绩排前五的同学、综合成绩居中的五名同学、综合成绩靠后的五名同学进行访谈,访谈采取集体面对面座谈的方式,在访谈期间笔者通过录音和文字记录的方式收集数据。

(五)数据分析

前测试卷和后测试卷的成绩,由口语和听力两个部分的成绩相加转换成百分制。前测成绩收集后,笔者用Excel文档保存并计算出平均分,通过SPSS21.0软件分析,对两个班的前测成绩进行独立样本t检验,发现实验班和对照班的前测成绩无显著差异。对后测的成绩采取同样的数据处理和分析发现两个班的后测成绩方差P值小于0.05,表示两个班的听说后测成绩有显著差异,实验班的听说平均成绩明显高于对照班。为了使结果更具说服力,笔者还对实验班的前后测成绩进行了独立样本检验,发现P值小于0.05,表明实验班的听说前后测试成绩有显著性差异,说明实验的结果与预期的一致。

前后问卷都采用中文编制,以免产生令人误解的问题,以李克特五级量表为主。问卷收集后及时对有效数据进行了汇总,并用Excel对数据进行了统计和分析。

访谈以面对面座谈的方式完成，谈话的内容通过手机录音和笔录，最后由笔者整理，写成访谈记录。

在实验过程中，除了通过上述三种实验工具所收集的数据，笔者还收集了大量的特殊数据，即学生上课的图片和口语活动的视频、小组讨论的音频，以及学生制作的小视频和收集的图片，同时还用量表记录了学生的学习表现，这些课堂观察所累积的图片、音频、视频、考核表等资料为笔者在探究过程中提供了大量的线索，通过反复观看、收听、归纳整理，笔者积累了宝贵的实验资料和数据，对教学反思和教学改进有着非常积极的意义。

第四节　教学实验结果和讨论

本节是对前、后两次的测试、问卷调查以及访谈所产生的数据和结果进行分析讨论。讨论将围绕本研究的三个问题来展开，即混合式教学模式对学生英语学习兴趣、自主学习能力以及听说学习效果的影响。

一、对高职学生英语听说学习兴趣的影响分析

兴趣就是最好的老师。大量的研究和实践证明，学习兴趣能让学生学习的因素从外因转化为内因，让学习兴趣和动力保持得更久更有效。在英语听说教学中运用混合式教学模式，笔者意识到要通过建构丰富的教学素材、教学活动，利用多维的教学资源尽最大可能激发学生的学习兴趣。

在教学实验开始前，笔者通过问卷调查了解了学生对英语听说学习的兴趣，设计的选项分为五个级别：非常感兴趣、感兴趣、一般、不太感兴趣、不感兴趣。调查结果如图6-1所示：

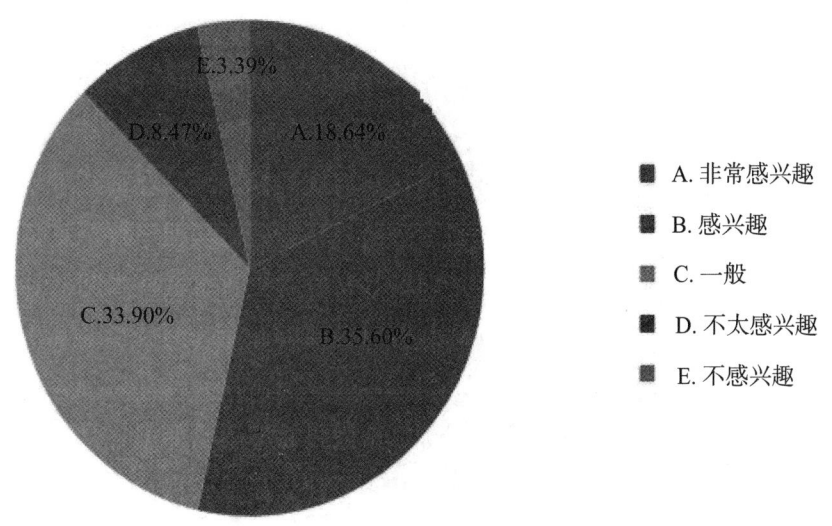

图6-1 实验前学生的英语听说学习兴趣

从图6-1中可以看出18.64%的学生对英语听说学习很感兴趣，35.60%的学生表示感兴趣，8.47%的学生表示不太感兴趣，兴趣一般的学生有33.90%。

从调查数据来看，一半以上的高职学生对提高自己的英语听说能力有兴趣。大量的研究和实践证明，学生的学习成绩与学习兴趣往往成正比。在整个实验的学习记录和学习成绩分析中显示：听说学习兴趣高的同学在完成教师布置的各项任务中较其他同学要好，课堂参与度、活跃度都较其他同学要高，在经过一学期的混合式教学实验后在后测中成绩提高的分数比其他同学要高；而学习兴趣不高的同学，后测中成绩提高的分数不如学习兴趣高的同学。由此可见，学生的学习兴趣和学习成效密切相关，学习兴趣是促使学生产生学习动力的最好的催化剂。因此，培养学生的学习兴趣是提高英语听说教学的有效途径。

在前测问卷中，教师还对影响学生学习的因素进行了调查，笔者设计的选项是：学习兴趣、认知前期学习准备、学习态度、教学质量及其他。调查结果如图6-2所示：

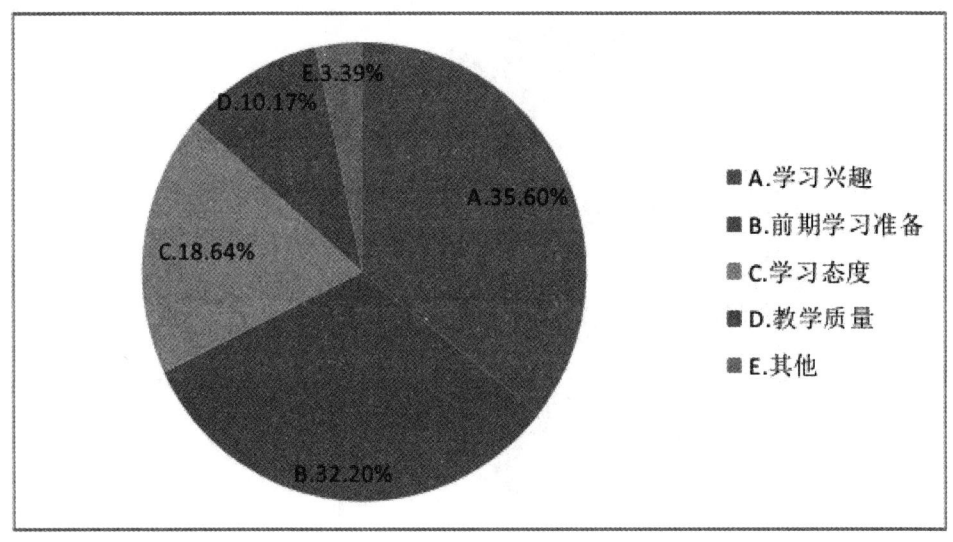

图 6-2 影响英语听说学习的因素

如图 6-2 所示，35.6% 的学生认为影响英语听说学习的最大因素是学习的兴趣，这一点与高职英语听说教学现状中制约听说教学效率最大的因素就是学生缺乏学习兴趣是一致的，也再次证明学生学习兴趣的培养对教学效率的提高至关重要。32.2% 的同学认为前期学习准备也很重要，在掌握学习理论中也强调认知的前期准备在学习中起 50% 的作用，教师在教学前对学生进行学习指导，布置学习任务，提供便捷学习资源以便学生有充足的机会和时间全面学习，就变得很有必要了。18.64% 的同学认为学习态度也是影响英语听说学习的因素，态度决定行为，良好的学习态度能帮助学生持之以恒，配合教学安排。10.17% 的学生认为教学质量影响了英语听说教学，目前我院全部实现了多媒体教学，校园网全覆盖，大力推广信息化教学，并严抓师德师风和教风建设，大部分教师都有一定的教学水平和良好的职业道德，对课堂认真负责，为教学质量提供了保障。

二、对高职学生英语听说自主学习习惯的影响分析

建构主义学习理论认为，学生的知识不是靠教师传授获得的，而是靠自己体验获得的。因此，学生的自主学习习惯培养非常重要，它是一种可持续发展的能力。影响学生自主学习习惯的因素包括学生的学习态度、学习时间以及学生的知识水平等。根据掌握教学理论，情感的前提特征在学习中的作用不容小觑。情感的前提特征是指学生对所学课程的态度、兴趣、信心等非智力因素的总和。在听说教学中，学生的学习态度直接影响着教学的进行和教学的效果。听说教学活动主要是围绕学生为主体而设计，如果学生学习态度积极，那么其会在学习过程中表现出较大的主动性，如课前自主预习；课中自觉做笔记、积极参与听说活动；课后自主做强化练习。

为了了解学生在学习过程中的学习态度，笔者在实验前后的调查问卷中设计了这样三个问题：

（1）在英语听说课前，你愿意自主预习完成课前任务吗？

（2）在英语听说课中，你愿意在活动中用英语进行交流吗？

（3）在英语听说课后，你愿意进行自主听说练习吗？

实验后学生的自主学习意愿提高了，这与笔者的预期是相符合的，混合式的教学模式驱动了学生自主学习的动力，学生自主学习的意愿得到了增强。为了进一步了解学生自主学习率提高的原因，笔者在访谈中提问受访的 15 名学生：你认为新的教学模式对你的自主学习习惯有影响吗？有一位同学说：有影响，我很喜欢混合式教学模式，学习平台上的网络资源非常丰富，以前不知道去哪里学，现在课前预习 soeasyo。还有同学说：老师布置的任务，我基本能够完成，而且完成任务还可以加平时分，我愿意主动学习。其中一位男生说：以前课堂上我都不开口的，但现在听说课上老师讲得少，同学们讲得多，每人都有上台的机会，而且老师经常鼓励我们，我现在也愿意尝试。也有几名同学表示混合式教学对他们的自主学习习惯影响不大，每次都是勉强完成任务，为了不被扣分。教师追问得知这几位学生的英语基础很差，之前的知识不能帮助他们完成现在的任务。访谈后笔者查看了这几名同学提交的音频作业和书面报告作业，发现在小组语音讨论中他们发言次数少，用的都是很短的句子，表达不规范，书面报告篇幅短，有的就一两句话，语法错误，单词错误很多。由此笔者反思，加分虽然是促进学生自学的一种手段，但容易导致学生功利性学习，只为完成作业的量，不注意完成作业的质，这不能从根本上促进有效自主学习。

三、发展建议

1.教学理论的多元混合。建构主义学习理论和掌握学习理论的原理与混合教学模式高度契合，它强调以学生为中心、教师为引导，正是建构主义所倡导的。教师在教学中的角色应该是引导者、组织者和帮助者。教师在平台上创设的碎片化资源、平台的交互功能、QQ 群内的共享资源，以及及时交流功能，让师生之间可以随时交流，也让学生可以随时随地开展学习，反复学习，以掌握语言知识，这正是掌握学习理论所认同的。只要条件充分，时间充足，每一个学生都能在学习中获得最大的发展，并都能习得所学的知识。

2.教学资源多维聚合。教材资源、网络平台资源、学生创造的资源（学生提交的视频、音频，学生在讨论区所发表的观点以及学生上传的相关学习资源）、网络上的各类相关资源，为教师的教和学生的学提供了无限可能，人人都可以提供学习资源，促进了师生的创造能力和创新能力,这正是新时代对人才培养的需求。

3. 师生多方配合。教师不仅是语言知识的传播者,也是课堂活动的设计者,甚至既是导演也是观众。学生不仅是学习者,也是资源的分享者、角色扮演的表演者、小组汇报中的小老师、团队活动中的领导者,这将打破国内传统的以教师为中心的教学中学生能动性缺乏的现象,弥补西方以学生为中心的教学中教师缺位而监控失衡的不足,提出了"以教师为主导,以学生为主体"的融贯中西教学优势的新理念。

4. 考评模式全面结合。教师结合学生在网络平台上的学习记录、作业平台上的作业记录,以及QQ群内的讨论记录,对每一位学生建立学习档案记录学生的学习情况,将形成性评价和终结性评价全面结合。

5. 教学环境的深度融合。教师、寝室、图书馆、户外,网络学习平台、QQ都可以开展教学活动。改革开放40余年,我国创造了太多不可能,尤其是在人工智能方面取得了重大突破,移动教学、泛在学习,打破教室的界限,让学习随时随地进行,这种符合4A发展前景的教学模式将成为一种趋势。

四、教学启示

通过本次教学实践,笔者从混合式教学模式中得到了以下启示:(1)兴趣是驱动学生学习的最好动力源,作为教师要利用信息技术,加强对学生学习兴趣的培养,教师要有教学信念,勇于改革创新、与时俱进。(2)自主学习习惯的养成是能让学生终身受益的一种素养,对语言的学习有极大的促进作用,能让学生由"被动学"转变成"主动学",体验学习的过程,收获学习的乐趣。(3)高职教师自身的教学能力也要不断提高,现在已经不是"巧妇难为无米之炊"的教学条件缺乏的年代了,我们现在缺的是有创新意识和工匠精神的教育者。反思此次教学实验,教师在致力于培养学生兴趣、促进学生学习的同时,教师也要培养自己的教学兴趣,提高自身的学习能力,方能做到教学相长,不落伍不掉队。

混合式教学在21世纪再次成为学者们研究的热点,这不是偶然,而是网络通信、移动智能设备普及的必然趋势。今天的混合式教学不是重复原来的混合式教学模式,而是在原来的基础上进行创新,它本质上是混合式教学模式的内涵随着教学条件的变化而拓展,这说明研究者对混合式教学的认识在加深,教学者将信息技术应用到教学领域的水平在提高。各种网络学习平台和手机学习APP的涌现,也说明混合式教学迎来了一个崭新的发展时期,中外学者一直对混合式教学没有做出统一的定义,未来它也不会被定义成一种固定的模式,它因时而异、因用而异、因人而异。

第七章　高职英语教师发展与团队建设

第一节　高职英语教师概述

随着中国市场经济国际化、高等教育全球化、人才培养市场化的日益深入，加之学校遭受"生源危机"的严重影响，中国高等职业教育正处在一个前所未有的发展新阶段。不同学校间人才综合能力的争夺正越演越烈，学校怎样在国际竞争中站稳脚跟，谋求赖以生存与蓬勃发展的空间？当务之急就是要坚持以科学发展观精神为指引，建立适合学校实际情况的人才强校策略。努力建设一批人才总量丰富、结构合理、整体素质优秀和具有开拓创新精神与实际技能的教师队伍。教师队伍建设是高职学校发展壮大的核心条件，是学校办出特色和水平的关键。所以高职学校教师队伍建设要立足于高等职业教育本身的特色——凸显职教性，凸显高等教育性，凸显行业性。

一、教师专业发展的概念

关于教师学科发展的含义界定，国外专家研究者也有截然不同的说法，目前主流的典型看法有以下几种：

学科专业建设也就是老师自身在学科专业生活中的成长，包括自信的提升、对学科专业技能的培育、对所教学科知识的不断更新、拓展与加深，还有对自己在教学上为何如此做的原因与意识的提高。

教育专业成长是指经过在职师资教育或师资培养所取得的某些方面的成长，也即教师在目标意识、教育技巧以及与同伴协作能力等方面的全面进步。Evans认为，教师发展能力最基本的过程是在心态上与功能上的发挥，前者是指教师在心态上的提高过程，而后者则是指专业表现提高的过程。

Hargreaves指出，教育学科成长不仅仅应该涉及专业知识、技能等技术性层面，更需要广泛涉及知识、政治与情感的层面。

Day 综合了许多研究者的看法，给出了一种具有包容性的定义：教师专业发展过程包括各种自然的教学经历以及教师有意识组织的各种活动。而这种经历与活动将直接或间接地使个人、组织或学校受益，从而改善课堂的教学品质。因此教师专业发展是一种过程。在该流程中，拥有变革能力的学校教师可以独立或与他人共同检视、改进和拓展教育过程的道德目的；在与学校教师和同伴们一起经历的教育生涯的每一个阶段中，学校教师将继续学习并且发挥优质的专业思维、专业知识、专业技能和情感智慧。

国内外专家学者对此也存在不同的认识，代表性的看法包括：老师成为教育教学专门人才，需要经过一个从不成长到比较成熟的演变流程。教育学科发展空间是无限的，发展内容是多层面、多领域的，既要涵盖知识的积累、技艺的熟练、能力的提升，又包括心态的变化、感情的升华。教师专业发展是指老师从非专业人士变为专职人才的工作过程，可理解为教师的专业发展或教师自身专业知识结构不断更新、进一步发展与充实的工作过程。教师专业发展是教师包括知识、能力和情意等学科素养的培养和完善为基础的学科发展和完善的工作过程。

教师专业成长流程是指高校教师在其专业技能方面发展和寻求进一步成熟的流程，是指教师专业信仰、知识、学科才能和学科专业情意等方面不断更新、发展与完善的流程。教育学科发展是一种连续且不断变化的教学过程，其本质特征就是老师的学科能力自主发展。

在与上述各种说法的对比中，可发现对于教师专业发展内容划分的几个共性特点：第一，教师个体的自主性特征；第二，发展过程的动态特征；第三，教师发展状态的连贯性；第四，发展内容的多面性。近年来中国国内针对外语教师专业发展的研讨活动急剧提升，不同类型的教师发展座谈会也定期举行。以北京北外"中国外语教育研究中心"为龙头的外语教学科研组织也发挥着至关重要的作用，并产生了一大批有较高学术价值的学术专著和学术论文，对提高中国的外语教师质量产生了积极的影响。但是，高职外语教育的科学研究还处在探索阶段，有关论文极少，还不能建立具体的科学研究方法，缺乏有实用价值的成果。

二、关于外语教师专业发展的研究

海外（主要是美英）学者从 80 年代后期，开始关注外语或第二外语（以下统称外语）教师的教育与发展，意识到外语教学是一个非常复杂的过程，包括了教师对课堂现实的进一步认识以建立自身的课堂决策，以及教师基于自身先前的认识及对语言学习和教育的信念，来建立自身的课堂理论。从 90 年代开始，有关研究成果显著上升。同海外研究者比较，中国研究者对外语教师专业发展的研究起步相对较晚，并且成效有限。中国国内有关外语教师专业发展的研究成果，大致包括以下方面：

（一）关于外语教师专业素质

弗里曼指出，外语教师素质包含学识、技巧、态度和情感等，并区别于"学识"和"技能"两种范畴。而专业则是包含了老师的学识水准和所教学生的学习背景、教学方法、外语水准和老师所处的社会文化背景意识。操作技能主要指老师的教学方法、具体授课活动、课堂的教学管理，以及教材处理能力。二者共同构成了课程的基本理论知识基础，并随着老师本身的发展转变而不断完善。

Nunan 从行动主义研究视角阐述了教育素养的基本内容，其主要包括：专门的学科知识；教学观察与探究技巧；研究与发展教学的技巧；分类、评估、管理和评价、获取教育信息的能力；管理、描述学生自身活动与学校活动的能力；个人的教育信念；自主反思能力；教学方法、教材及其使用；认识课堂活动与学校发展进步之间的关联；根据课堂情况，调整与改善学生行为的能力等。

Richards 教授认为，外语教育素养主要包括语言基础知识、语言学习方法与习得理论、语言教学法、专业知识、教育经验和更广泛的认识面，以及创新能力、决定力、决定与推理的能力、社会适应能力、兴趣、心态、自控力、热情、课堂与教学管理技巧，熟悉周围环境的能力等。

钱冠连博士指出，中国外语教育的成绩实际上是"1+X"。"1"指外语能力好，X包含心理学、教学法、观念、语言理论、汉语、思维方式和其他专业知识，以及敬业精神。

贾冠杰教授将英语老师的基本素养总结为思考道德、文化品位、学识素养、心理素质和体能等。其思维品质包括坚实的基础、丰厚的有关专业；高等教育、语言学、哲学、心理学和心理语言学。教师核心素养则涉及教学领导技能、语言表达意识和板书技能、教育科学意识。

吴一安通过调查研究与访谈，认为优秀外语老师的学科素养框架主要由以下四个层次所组成：外语专业的教育水平；外语教育行为观和职业道德；外语教学观；外语教育学习与发展观。

这些研究成果从不同的视角全面地定义了外语教育专业素养的构成及含义，尽管说法有所不同，但是广泛接受的素养构成应该涵盖教授专业知识、师资力量以及教育敬业精神三个层次。

（二）关于外语教育专业的研究

Walace 还给出了外语教育的反思性实验模型。所谓反省，是对应该得到解答的某一提问情景下的反省活动方法。Schon 正式指出"反思型教育"(也称"反思型实务"),是指从业人员根据自己经验中的困惑,经过一连串反省、研究活动寻找解答困惑的方法。反思型教育应该由教师个人来实现,"高校教师透过搜集课堂教学统计资料对其课堂教学行动出批评反省,进而检视个别教学立场、信心、假设和实际"。

张颖、王蔷的实验也证明,外语教师的培训方法经过了由"学徒型"到"运用科研型"再到"反思型"的演变过程。二战之前,学校师资培训方法大体上采取"学徒型",即有知识的教员告知新手教师需要做什么,说明怎样做,接着新手模拟、体验和训练。"应用科学型"指的是,自上而下向正在进行训练的教员传授一套理论。"反思型"模式主张我们必须掌握的东西不仅仅是量化的行为规则,还包含一些更高级的不可衡量的技巧与方法,这些高级的技能不能通过技巧训练达到,而是进行思维的成果。

自 20 世纪末起,反思性教育、行为研究、自主发展等教育发展机制问题成为中国学术界的研究热点。我国首先对行为研究做了较为系统研究的是北师大的王蔷,她所撰写的《英语教师行动研究》一书是中国英文教育发展行为研究理论的开篇之作;吴宗杰批判地阐述了老师发展话语权问题,阐述了抑制自主发挥的方式——课堂与学生的互动问题;辛枝、吴凝主张给老师更多权利,鼓励英语老师发挥。

(三)关于外语教育专业发展的过程、路径和社会影响因素

近年来,英美等国家对外语教育学科发展的探索取得了长足发展,基于创新概念、以教师为中心的教育学科发展方法不断产生,创新的教育发展战略不断涌现,包括反思性课程、合作行动研究、探索精神研究和例案课程等,这些探索在中国还只是开始。近年来,开始了一系列有影响力的实验研究。

李晓博利用语言文化人类学研究方式和叙述方式对一位日语老师的学习开展了历时一年的研究。研究人员指出,外语教育学习与发展的历程是指老师在课堂实践中发生问题、经过反省、学习、改变、获得发展成果的实施性循环往复的发展历程。

周燕研究了一批青年教师在一次或长达一学年的大学教育英语改革实践中的发展经历,认为建立以学校教学科研项目为基础,由不同经历的青年教师所组成的教育改革实践团队,是促进教师在教育实践中进行学术发展的一个重要途径。

刘学惠的工作是成立了英语的课堂研讨组织,探讨了教师建构式课堂对教师学科发挥的促进作用。

吴一安教授在一项大规模型教育实验研究成果的基础上,探讨了中国学校内优质外语师资学科发展的规律性特征、阶段性特点,以及影响优质教师学科发展的主要原因等。她在研究成果中指出,外语师资的学科发展是一个持续且逐渐进步的过程,主要是教师

在教育实践过程中成就的。优秀教师学科发展潜力的成因分为内因与外因：内因分为喜爱外语教师职业，自主学科发展意识，以及老师的自身影响；外因则可概括为轻松、积极和良性交流的教育环境，专家老师的教学典范或家庭影响，教师进修与专业研讨，以及国家的整体发展大环境。

李晓博等人的研究成果的共同特征是：在科研目的上，追求对其研究对象的深入解读、深刻理解与广泛思考；在研究方式上多采取本质性探究方式和历时个案研究，力求更深入地阐明所研究现象的本质特征。

三、高职外语教师专业发展

近年来，伴随着中国教育大众化步伐的加速，普通高等职业教育也得到了长足发展。据教育部教育统计资料表明，直至 2012 年 4 月，全国独立设置的普通高职学校已达到 1297 所，再加上开展普通高等职业学校教学工作的普通本科学校，全国实际录取的院校已达到 2000 多所。高职教育的招生学校数量以及在校生数量都一直占着中国高等院校的"半壁江山"，因此高职教育质量问题也越来越成为社会各界所关心的焦点。由于高职的建设将在较大程度上依赖教师的素质，因此，建设一支高水平的教师队伍将毫无疑问成为提升中国高职教育品质的关键。

高职教育的宗旨，是为城市生产、工程建设、经营、社会服务一线培训实用型的高级工程技术应用型人员，这也决定了担任高职教学中的专业课老师不但必须掌握坚实的学科专业基础知识和丰富多彩的教育实践（师资素养），而且必须掌握相应的进行与学员未来就职职位有关的实践理论知识和实践能力（技师素养），并且必须具备"双师"素养，形成"双师型"老师。国家教育部在《有关进一步加强高职高专教学人才培养管理工作的若干意见》中明确并提出，"双师型"的教师队伍建设是继续改善高职高专教师质量的关键。

"双师"素质是中国高职教育对师资学科发展的一项特殊要求，是学校实施以职业发展为导向的职业教师培养目标、提升职业教师办学水准的要求，是促进职业院校教学改革、提高教师实践性课程水平的重要要求。

作为高职教学的主要部分，高职外语教学必须确立职业目标，突出对与行业工作密切相关的语言技能的训练，并且突出语言的实用性。而根据高职外语教学的职业性与实用性导向，对高职外语学科人才培养的基本需要是既具备良好的外语运用能力与涉外人文基础知识，又具备相对应的业务知识能力（商务、旅游、外贸、文秘等）的综合技能型人才培养。为了适应实现高职外语教育培养目标的需要，高职外语学科老师必须具备坚实的外语语言功底、熟练的授课技巧，以及相应的业务理论知识（商务、旅游、外贸、文秘等），并同时掌握相应的工作岗位操作流程。而理想的高职外语老师也必须是"学"高"艺"深的"双师型"教学人员。

目前，高职学校外语师资的专业发展状况堪忧——老师普遍缺少以职业发展为导向的业务理论知识与实际专业技能。胡丽君的研究结果表明，高职学校外语师资多数都是在单学科专业性培养模式下打造起来的，老师大学毕业后由一般高等院校径直进入高职学校担任教育岗位，实验和动手的能力、现场教育和实习辅导能力、分析和处理社会现实问题的能力等均还远远不够。老师又缺乏在企业的任职经历，这些必然会影响对学生职业能力的培养，使得学生实际专业技能不强，这明显与一般高等职业学校的教学目标不符。而且，由于他们学习的专业知识多是语言文学或语言教育，所以知识也相对独立。因而在教学行业外文（如商务英语、旅游英语等）过程中，老师由于背景知识的欠缺，常常只是照本宣科地理解文字含义，这就明显不利于高等院校外语教学的整体提升水平。"双师型"教职工缺乏是目前高等院校外语教育面临的一项亟须解决的重要现实问题，"双师素养"对外语教师的培训也势在必行。

当前，高职学院发展步入了全新的时代，已出现由扩张办学规模向提升办学品质，强化内容建设的过渡。内容构建的重心为"软件"建设，涉及办学思想和定位、专业配置和人才培养策略、教师队伍、课程和教学资源、校内外实训学习系统、质量标准和监测系统、产学结合和产学研协同办学制度等。高职学校要确立科学的教师发展观，走内涵式发展路线，首要任务就是做好教师队伍建设。在培养模式、教学设计、实践性课程条件，以及学科建设层面都要以教师为主导。而如何提升教师队伍整体素质，充分调动和发挥教师的积极能动性，是学校做好内涵建设的关键。

四、高职教学团队建设

教学队伍，是指以提升教学质量、提高课堂教学、促进教育教学改革为主要任务，由为共同的教育教学改革目的而共同负有责任的老师所构成的教师群体。高职专业的教师教学队伍，不仅仅是由学科带头人、教学骨干教师等一群学科素养高、实践能力强，为达到共同的教学总体目标，按照彼此分工以合理目标导向的老师所构成的教师群体，同时更是一个组织实践前沿教育教学策略、探究与实践前沿教育教学思路、具备较强教学科研能力的师资群体。它犹如富有活力的生命体一般，能够调动每一部分的积极性与作用，进而推动教职工自身、集体和整个学院的发展。教学队伍建设，是指以学科和教学为基本原则把教育队伍区分为不同的群体，并把该群体当作一个相对独立的队伍加以建立。而形成教学队伍则是提升学校教育质量的一个关键措施。

我国教务处发布的《有关开展2007年全国课堂教学团体评议管理工作的通报》中提到:"本项目管理的开展,意在透过构建团体协同的管理机制,革新教学内容和方法,创新课堂资源,促进教学研究和课堂教学体验交换,推动课堂教学的传、帮、带和老中青融合,进一步提高教师的教学水平。"这既表明了教师队伍成立的目的和主旨,又表明了教师队伍成立的意义和重要性。

第二节 高职教师专业发展途径

一、高职教师的职业特殊性

中国高等职业教育是兴起于20世纪80年代,发展于90年代后期的一个特殊教育类别,兼具普通高等学校和职教的双重属性。它以培育既具备必要的基本知识又熟练掌握某一领域先进技术技能的高素质技能型人员为己任,同时肩负为区域经济社会建设发展培育和输送生产、建设、管理和服务等一线工作所需的高素质、高技能人员的重任。伴随着我国改革开放与社会主义现代化建设各项事业的发展,社会各界对生产、服务等一线工作者的技术、能力结构等产生了更多需求,因此高职教学也将面临许多机会和挑战。

高职培训处于高等院校和中等专业培训之中,有着一定的特殊属性。因为成长时期短暂、没有形成经验和可参考的教学模式,中国高职教育过去一直搬用、压缩本科教学方法。课程体系呈现相似于传统本科教育的课程化特点,最终造成基础知识和专业技能无法顺利衔接。通过一段时间的理论研究和实际探讨,中国高等职业学校对高等教育的思路已经越来越清晰了——既并非普通中等职业学校教育单纯的"升级",由于其所接续的是普高教学,因此学生也必须具有相对应的理论基础知识,属于高等教育序列;也非普通本科高等教育的"简化",而是具有自身的鲜明特征,"工学结合""课证融合""就业导向"等办学宗旨确定了高职教学中更加强调的实践性技能锻炼,从而达到更突出实际能力训练的目标。这样,高职培训对老师的业务素质要求也将与普通高校存在很大的区别。为了胜任专业性岗位,高职老师还需要具有相应的"特质":其一,与普通中等专业院校老师相比,高职教师应具备较为广泛的专业知识内涵、精深的学科功底以及必要的科学研究能力。其二,与普通高校的老师比较,高职老师有全面的理论知识、过硬的实验能力以及一定的职场经历，掌握了高等职业教育课程的基本特质和基本规律。其三，和行业、公司的管理人员、技术干部一样，高职教师也必须具备娴熟的教育技巧、精湛的教育方法。

优秀的教师队伍必须是学校提升办学水准、增强综合竞争力的核心资源。而优质的高等职业院校师资则必须是有志于研究高等职业教学，并掌握"学深""德厚""技高"等特长的专业人才。高职教学的主要培养目标和培养模块的基本性质，明确确定了参加高职教学工作的英语老师，需要具有完整的以"就业为导向"的教学观。同时要求学生不仅要具有坚实的英语专业基础和教育教学方面的知识，还应该掌握有关职业能力与岗位的知识技能，需要具有将语言知识与实际操作技能融合于英语教学过程中的能力；同时必须设法了解社会、人才等部门对不同专业人才水平的需求，并切实加强教学的针对性。

二、高职教师的角色转变

高职教师的成长目标并不仅仅局限于作为一个真正的教育施教者，而且需要顺应高等职业教育需要，作为教育活动的实践人与研究人，以完成教育专业角色的全面转换。

其一，作为学校发展的主要促进者。由于高职学校生源结构比较复杂，文化训练基础较薄弱。不少学生在学习上的信心不够、没有兴趣，同时学生自身也有着很大的自我意识，因此难免对未来职业发展出现不安心态。这就需要老师主动地认识自己的每个学习者，发掘每一位学习者的闪亮点，进入学习者的生活和灵魂，作为学习者读书活动的积极参与者、组织人和指导人；从学业上予以有效引导与支持，使学习者更真实有效地感受到教师对学习者的理解与关怀，从而启迪他们的学习动机，也有助于学习者确定理想，全面发展。

第二，作为教育实践的研究者。目前，高职师资对课程理论知识的了解以及对研究的理解与态度尚需提高与完善。高级职业学院老师的总体研究水准并不算高，特别是青年老师。部分老师对科学有认识上的误解，搞不清科学和教育之间的关联，所以，教学工作也就仅仅停留在经验积累的层面上。在开展教育科研工作的同时，教师一定要学习并掌握科学的研究方法，本着"以研促教"的理念，做到教学研究和教育实践的统一。

第三，成为教学改革的主要推动力。老师是教学改革的主要推动者和主体。专科学校老师要在全面认识现代职业教育办学理念的基础上，牢记以学员职业竞争力提高为中心的宗旨，强化实践性教育活动。对自己所讲授的课程开展积极的反思与探索，按照新时代的教育特点及时发现新课程中出现的问题并找出改善方法，革新传统教学方法，从而成为教育变革的主要推动者。

第四，作为终身学习的反思者。现代社会，终身学习的理念已经根深蒂固，教师自学必须贯彻老师全部的职业生涯。社会前进和教学发展需要高职老师适时改变本身的专业知识和专业技能，通过调动自我的教育活动以应对不同的环境和发展的学生。反思有助于老师建立"实践性知识"，将研究专家的学说和自已的知识经验结合，内化成自我的知识系统的内容，同时利用所熟悉的理论知识去发现、探究和处理实际中的各类问题。

三、高职教师的专业发展途径

（一）挂职锻炼——提高实践能力

教育主管部门、高职学校都要主动出台优惠政策，引导专业技术老师到企业工作部门开展"挂岗训练"。增加经验，掌握相应企业的运营、财务管理和运营模式，掌握实际操作技能，提高实际教学工作工作水平，以利于在讲课教学活动环节中能有的放矢，坚持"工程融合"原则，注重对他们的职业技能训练，推进他们的专业知识水平进一步成长。另外，加强校企联合方式，聘用具备丰厚的专业知识的人员经常性地给教师开设讲座、帮助学生实践活动，不失为一个培养老师的实际教学水平和学员对专业知识综合能力的实践运用水平的良好方式。

高校从政策和资金方面保障高校教师利用工作之余和寒暑假参加企业实践项目，培训具备理论知识水平和实际能力的"双师型"师资。在职称评定领域对具有学科基础知识并且具有实际指导水平的"双师型"老师予以相应程度的倾斜，以引导高等职业学院老师转变观念，努力提高自身的实际能力。

（二）项目参与——培养研究意识

社会对教育的主要需求并非"教书匠"，而是"科研人员""专家学者"和"专家学者"。教、学、研相长是高职教育蓬勃发展的一个主要经验。在进行教科研项目探究时，"以研促教"是高校教师蓬勃发展的一个必经之路。

首先，高职学校要着力打造产、学、研联合的发展平台，广泛开展与政府部门、高校和企业三者的学术协同合作，在政策和经费上为教师创造条件。与此同时，建立起健全考核机制，客观、公平地评估教职工的科学研究能力；把考核成果与职务评价、个人收入等因素挂钩，以努力营造教职工参与科学研究的良好氛围。其次，利用国际学术交流，进一步提升教职工的科学研究创新能力。

在教学交流中，教师能够掌握学科的最新发展动向，掌握其他人的教育、研究方法，并利用撰写论文、编写教材等方法，传播新科学技术。除此之外,还要建立学科师资梯队，以充分发挥"传帮带"的功能。通过围绕国教科研课题、特色学科、国家精品课程等建设项目形成教学合作队伍，是确保学校教师队伍整体专业水准和教育能力持续提升的有效途径。

（三）专家引领——拓宽发展思路

教师必须在一种良好的组织中蓬勃发展，而学生必须形成学习式团体，并建立学习式社会文化，以形成浓厚的学习气氛。优秀青年教师的成长需要专家的引导，要加强教师队伍建设，进一步提高教育师资的总体水平。各大高职院校要有规划地加大对学科专业领导班子的培训力度。合格的学科专业领导班子，必须治学方式严格、知识造诣深厚、思想活动活跃，并取得了优秀的课堂教学、科研成果，才能起到在课堂教学专业队伍中对青年教师的示范和传帮带功能。推动优秀青年教师的专业发展，从而推动课堂教学队伍中总体课堂教学、研发能力的进一步提高。

"他山之石，可以攻玉"，各大高职学校均可根据工作实践，有计划地聘请校外的专家学者，来校举办专题性理论辅导、专业讲座、观摩与演示教学和经典案例剖析等活动，以扩大教师间交流与研究的机会，并开拓教学思路，使其获取真知，有所创新。

（四）自我反思——提升发展层次

美国教育家李·舒尔曼曾在《基础理论、实务与教育工作的专业化》一书中讲过："针对专业技术人员而言，教学工作最难的主要问题并非运用新的基础知识，而是从实际经验中掌握。学术基础知识针对专业技术岗位是必要的，但又是远不足的。所以，高等院校老师应该养成从实际经验中掌握和对自身的实际进行再反思的学习能力。""从实际经验中掌握""对自身的实际进行再反思"的内在实质是反省自身的课堂教学实际工作，并在实践中提炼出宝贵的课堂教学实际经验。而自我反省方式多种多样，包括课堂后记、反思日志、个案剖析等。反省也是一次研究，是一次练习，是一次提高、一个发展。所以，我们在反思的时候一定要对提问的表现形式、事实、特征等进行分析对比，从而找到提问，并寻求解决问题的最好方法。这对于高职学校素质教育学科的进一步发展，无疑是大有裨益的。

（五）终身学习——保证发展时效

高职老师是专业知识的传递者，老师传递学生专业知识的过程是学生综合应用自身专业知识与能力的过程；高职老师也是学生实践性教学活动的示范者，老师引领学生职场实践的过程是建立在学生对具体岗位操作过程了如指掌的基础之上的。老师只有具备了所学知识，才能正确地把自己的知识传授给学生；而老师也只有熟练掌握了岗位技术，才可以引导学生的具体操作。

在"信息技术轰炸"的现代社会,"一朝学成而受用终身"的观点早已不合时宜。高职教师如果只是坚持自身的专业知识和技能,不吸收更新知识,不培养综合技能,专业也不能得到很好的发展前景。高等教育是一项可持续发展的工作,高职教师要成为具备不断成长能力的学习者,就应该确立终身学习、全面学习的观点。从"做中学""学中做",训练和提高自身的能力,进一步提高自己掌握专业知识与信息的水平,充实与更新自身的知识结构。

(六)合作交流——丰富发展内容

高职学院与教育行政机关之间、各高职学院之间、高职学院与高等教育科研机构之间、高职学院与企业单位之间,以及高职学院内各部门之间都要不断加强交流和合作,资源分享,共同提高;还可以针对中国高等教育全球化的发展趋势,同境外高等教育组织进行信息交流和研究及高等教育技术合作。通过国际交流与合作,学生获得先进经验并找到与自己的差距,同时借助前沿的高等教育理念与教学资源,激发教师个体以及整个专业队伍的教育授课与科研工作激情,进一步提高学校教育教学水平,将校园变为每个教职员工专业发展的理想乐土。

协作沟通也是培训老师自身成长提升的途径。学院应该从青年教师发展问题入手,立足于学校,立足于教学岗位,注重面向广大青年教师群体,大力开展旨在提升青年教师学科素质,以适应青年教师未来发展需求与自身需要的各类合作活动,为青年教师的成才与未来发展打下坚实的基石。

第三节 高职"双师结构"教学团队的内涵与建设要素

高职教育的总体目标,是为生产、工程建设、管理、服务等一线干部培训实用型的高素质技能型人员,这也就确定了进行高职教育的教师不但必须具备坚实的基础知识和丰富的教育经历,同时需要具备较强的参与有关部门业务实践工作的技能,以及"双师"素养,形成"双师型"师资。在中国高职教育20多年的历程中,曾相继明确提出了"双师型""双师素养""双师组织"等有着重大含义的理念。尽管含义上各有偏重,但真正理想的高等职业学院老教师都应具备理论素养和实践技能,早已形成了各界的共识。对高等院校教师队伍建设定义的探讨与认识,经过了一个顺序渐进、不断深入的过程,定义的演变也体现着基本思路正在逐渐理清。而当前中国高等院校师资正处于从规模发展向内涵建设转型的时期,建立一个总量足够和品质合格的"双师结构"教师队伍是现阶段中国高职学校教师队伍建设的重点、难点，也对教师质量的提升以及教师自身的学科发展有着关键影响。

"双师架构"的教师组织设置，是中国高职学校进一步提升教师教学质量、推动教师专业成长的关键措施。其根本目的是为提升教师培养教学质量、向社会输出真正的高素质技能型人才培养提供强大保障。当前，全国各高职学院正创造新条件、紧锣密鼓地进行"双师架构"教师队伍建设工程。重点聚焦在校企合作机制探讨、共享理念建构、队伍组织成员角色分配、创新服务能力等各项工作领域方面。所有各项管理工作的开展都应确立在对"双师架构"教师队伍的基本含义和建设要求，有一个明确的理解和正确掌握的基础上。

一、概念的提出与演进

1990年，上海学者王义澄先生在《教育报》上撰写《建立"双师型"专业教师》一文中，第一次明确提出了"双师型"师资这一定义。1995年，教委《有关做好建立示范性职业大学管理工作的原则意见》（教改〔1995〕15号）指出，职业院校专业课老师和实践导师要具备相应的学科实际能力，"双师型"要达到1/3以上。1998年，我国教委在《面对21时代推进职务教学改造的基本原则若干意见》中明确提出了强化"双师型"教师建设工程的目标。2000年，国家教育部在《有关做好高职高专教学人才培养工作的若干意见》（教高〔2000〕2号）中明确："双师型"教师建设，是进一步提升高职高专教师质量的重要。2005年，国务委员陈至立在全省职教管理工作大会上提出题为"全面深入落实科学发展观，致力开拓职教管理工作局面"的主要演讲，提出要建立和健全职业教育兼职教师聘任政策，实行较为灵活的政策和人才激励机制，并且激励专职学校面对社区招聘建筑工程科研人员、高技能人才，作为专业课师资或教学实践导师。2006年，国家教育部《有关提升高等职业教育质量的几个建议》（教高〔2006〕16号）中明确提出了"重视教师的'双师主体结构'""重视专兼融合的专职教学团队建设"；同年，国家教育部、财政厅《有关落实国家示范性高等职业院校规划推进高等职业教育改革与发展的若干意见》》（教高〔2006〕14号），把"推进高层次'双师素养'与'双师结构'教师建设工程"列为示范性高级职务学校建设工程的重点内容。2007年，公安部高教司司长张尧学在《我国教育》期刊刊发《端正教育思想，创建好第一批全国示范型高等职业院校，校企融合，构建"双师型"人才力量》的论文，他进一步明确，从部门公司选聘具有理论又有大量实践和活动实践能力的专业技术主干，建立"双师架构"是"双师型"高校教师力量构建的关键内容。

二、相关概念的内涵解读

（一）"双师型"教师

"双师型"的教师队伍，是当前中国高职教育对师资整体素质的一项特殊要求，是进一步实施以职业为导向的职业教育培养目标、全面提升职业教育办学水准的要求，是进一步深化中国高职院校教学改革、进一步加强实践性教育工作的要求。对于"双师型"教育概念的具体定义，学者们的观点也表达不一。其中比较有代表性的有以下几种：

"双职称"论，即教师职称加上行业职称；"双素质"论，即理论教学素质加上实践教学素质；"双证书"论，即持有行业职业资格证书，并取得教师资格证；"双能力"论，即既能胜任理论教学，又能指导学生实践；"融合"论，即强调教师持有"双证"，又强调教师具有"双能力"。

因为教学主管部门、高职院校、专家学者以及一线老师在研究了解"双师型"教育的视野和层次有所不同。研究结果当然是仁者见仁、智者见智，难免会出现定义不清、外延过广等错误之处。

唯有站在学校整体构建的宏大意义层面，才能正确理解"双师型"老师的寓意和内容。作为一种综合型理念，"双师型"老师有着以下两重含义：其一，针对老师个人来讲，"双师型"老师是指教职工和技师（或另一种部门公司职务）双重能力结构形式兼而有之的专业课老师，其实质就是对专职学校老师的双重需要——既要变成"业务研究专家"，又要变成"教育研究专家"。其二，针对教师集团来讲，"双师型"老师是指学校总体上拥有"双师素养"，专业学校中既有"理论知识型"，又有"实务型"，拥有"双素养"，而且达到科学合理的配比。"双师型"老师是职业高校教育队伍的总体特点，但并不代表每一位专门课老师都必须形成"双师型"。

（二）"双师素质"教师

近年来，教育部参考了发达国家职业教学先进经验并且根据当前实际条件与培养的实践情况，将"双师型"老师的内容进行扩展，明确提出了"双师素养"老师的定义，规定本科老师既要充分牢固地把握学科专业理论，又要拥有解答具体工作面临的问题的技能。"双师素养"的产生经历一个过程，它是由"双师型"派生而来的。"双师素养"的提法更具有宽涵性，不但增加了"双师型"的内容，更主要的是体现了高职院校人才的常见特点，也增加了高职院校老师的空间，利于老师指明发展道路，实现老师素养的全方位提升，进而凸显高职教育特点。"双师素养"的提法侧重于教职工个人，这些对"双师型"教职工的解释，实际上都包含了"双师素养"的内涵。

2008年4月,国家教育部发布修改后的《高职学校人才工作评估实施方案》(教高(2008)5号)对"双师素质"教职工内容做出了适当调整:"双师素质教职工是指既有高校教师资质,又符合下列要求之中的校内专任教职工和校内兼课工作人员:(1)拥有本学科专业中高级(或以上)专业技术级别及职业资质(含拥有业内特许的资质证书及获得学科专业资质或专业技术评审员资质者),并且在近五年负责(或为主参加)了学校实验化教学设施建设以及提高教学水平的设计安装与管理等各项工作,教学运用效益比较好,在全省同等学校中居领先水准;(2)近五年中有两年之上(可累加推算)在公司工作一线本学科专业实践性岗位经验,能够完整引导学生专业经验实训教学活动;(3)近五年负责(或为主从事)过的应用科技研发,成果已被公司广泛采用,经济效益较好。"这是目前职教界普遍认可的"双师素养"教育的基本内容与评判准则。

(三)团队与教学团队

"团队"的定义主要来自企业,但有的研究者有着不同的认识与说法,有代表性的主要有这样一些:集团是指一些能力优势互补、承担共同责任和为国家统一目标而做出贡献的极少数员工的聚集体;队伍只是由极少数专业技能优势互补,并且自愿为一致的目标负起责任和分工协作的个人所构成的群体;队伍则是一个较小的工作组,它在规定的职能和权力范围内发挥日常工作职责,在队伍成员间协同工作,围绕着既定的目标,共同分担具体任务并进行全面训练。

20世纪50年代,首先诞生在美洲的"分组协作课程制"开启了教师协作课程的先例——由几个老师联合组建课程团队,以协作的教学方法,突破传统课程的束缚,协助学习者掌握最高效的教学方式。后来,西方学术界也明确提出了"同伴互助"的说法,并大力鼓励教育工作者在共同的教育工作中建立合作伙伴,通过协作科研和示范教育和系统培训,彼此取长补短,共同掌握并提高教学策略,从而逐步提高教育质量。

参考了国外的研究,中国学者刘宝存教授对教育组织做了以下定义:以教书育人为共同的教育目标,为实现某种特殊的教育目标,而分配合理、互相担责的少数知识与能力互补的个人所构成的群体。孙丽娜、贺立军等人则认为,教育集团是由某一学科或课程领域的老师所构成、以提升教育教学质量为目标的互相交流配合工作且共同承担起教学责任的师资群体。

三、"双师构成"与"双师构成"的教师队伍内涵研究

"双师结构"并非面向老师个人,而是面向老师团体来说的。它不强求队伍中的每位成员都具有"双师"素养,但是更重视在队伍总体上具有能力素质且各有所长的团队

成员。理想的高职教育队伍必须既包括"理论知识型"老师,又包括"实际型"老师。一个人的能力和精神是受限的,让全部的本科老师都变成理论知识教育的"行家"和实习引导的"里手"基本上是不行的。在高职学校,老师要实现专业学习工作能力与实际教学计划一致,既要有善于理论知识教育的,又要有善于实际教育的,还要有对理论知识和实际教学都熟练的——老师间的才能、专长互补,要保证合理的资源配比。

所以,"双师结构"教育队伍包括以下两个方面的内涵:(1)从总体来看,高等职业院校的师资队伍就应该专兼结合,体现为师资来源的二元结合。在这里一元就是指所谓专职师资,他们虽然拥有比较丰富的知识,熟悉教育教学规律,但实际力量比较薄弱;另一元则是指公司招聘有着大量的教学实践岗位工作经历的兼职教师。(2)从个人出发,每一位专业课老师都必须具有"双师"素养,这只是一种理想化的目标,但由于个人实力、资源以及外在环境的影响,确实很难实现。

联邦德国的"双元制"、澳洲的TAFE学校和美洲的社区学校等当今世界优秀新型职业教学管理模式告诫我们,不论高等学校老师的整合力量有多强,也很难适应变化的需求对专业师资团队的知识和技能的需求。组建由公司一线人员构成的兼职老师团队来教授新专业知识、新技术是高等学校调整教师队伍结构的必由之路。培养一批结构合理的"双师型"专职教师团队,即"双师结构"教学团队既是进一步提升高等院校老师质量的重要保障,也是进一步体现高等院校教师教学优势的重要措施。其目的与价值在于,避免传统的在身份上划分为"双师型"教职工的局限,是解决目前"双师型"教职工建设在总量与素质方面均跟不上高职教师发展需求的问题的着力点,也反映了我国社会对专职教学师资队伍建设的总体需求。

四、"双师结构"教师队伍构建的问题基本要素

(一)目标一致、愿景明确

科学、合理地确立一种共同的奋斗目标,是教师队伍建立的根本。只有确立了总体目标,组织人员才能在实际操作中产生凝聚力,体现出主体意志和技术力量的聚合作用,推动教师任务的完成。不然,必将产生各自为政、一盘散沙的无序状况。共同的目标是团结人心的基础,鼓励组织人员为顺利实现人生目标积极奉献自己的才智与能力。

麻省理工学院教授、当代人类社会组织发展理论的奠基人沃伦本尼斯指出,理想是人类社会团体中最有生命力、积极性的重要因素,它可以将所有不同的人牢牢联系在一起。一致的理念就能给成员们指引方向、供给动力,并使之形成集体使命感与责任心,从而汇聚集体动力,达到团队绩效的最优化。

（二）各有所长、才技互补

正如上文所述，不管德鲁克的"才能互补"还是卡曾巴赫和史密斯的"互补技术"都强调并指出，组成教学团体的成员都应该是具有一定才技的个人，同时还可以优势互补。唯有如此，团体的每一个成员方可充分发挥自己的专长与优点，高效地顺利完成学科（群）教研任务。

教学团体不同于普通的群体，它不但注重成员的个人成绩，同时注重队伍的总体绩效。建立队伍的根本目的就在于整合和优化人才资源配置，促使队伍的总体绩效大于个人成绩之和。所以，在建立教师队伍的时候，要尽量避免成员间在学识能力、学科特点等方面的重叠，争取选择几个可以给队伍发展带来特殊贡献的人。

（三）分工明确、协同合作

分工教育是指团体成员在共同的愿景目标支配下，按照自身的特点，共同履行一定的教育、研究或实际指导任务。协作方式则涉及团队在整个教育教学与管理工作流程中所包含的大学和公司之间，高校的专业、学科间以及教育集团成员内部的互动、交流、分担、共享等方式。

高绩效的教育团体，可以为每一个成员合理安排不同的职责，使工作目标和每一个人员的专业知识、技术、经历等相符。个体之间需要确定团体的共同任务和教学目标，而团体成员间则需要构建相互合作的工作气氛，并逐步形成高效的协作制度。协同合作是群体精神的重要内核。唯有与团队成员竭诚协作，才能促进相互之间的认识、沟通和互相帮助，从而达到团队成员间的资源分享、共同提高，并调动团队成员工作的主动性与创造性。

（四）功能突出、结构合理

教育组织指以学科（群）或者课程（群）为单元，并以此为中心而形成的为完成教育学习者的培养目标，而形成的既有明确分工又密切合作的基层教育团体。团队人员在技能、年限、专长、兴趣类别以及"双师型"比例等方面，都需要合理地组合与匹配。

形成合理的架构，是教师队伍顺利完成授课任务的保证。队伍组成人员在学识能力上必须是各有所长、才技互补；在年龄结构上最好是老、中、青年教师合理匹配，互帮互学；在学科、工作背景上也应该尽量避免相互重叠，以充分开展有效的分工合作。另外，工作团队的专家、兼职教师以及"双师型"老师的工作总量也要保证合理的配比。

（五）专兼结合、校企合作

高职学校务必想方设法把行业、公司内的技术骨干和研究专家学术引入学校，成为"专兼结合"的教师，以进行校企的深层次协作。毫无疑问，通过这些对社会教学资源的融入可以完善学校"双师"结构，推进"双师型"教师队伍构建，提升学校课堂的针对性与实效性，进而全面提升学校人才培养质量。

吸纳既有丰富企业经验的专职老师、培训学校现有的专职老师和在企业一线招募兼职教师，是形成"双师"结构教育队伍的基本渠道，这三个方面都离不开对企业的投入与扶持。构建校企合作制度的主要措施包括组建由学校与行业企业联合参加的学科建设委员会、课程研发队伍、精品课程建设队伍等，并合理使用行业企业的人力资源与实训条件，让他们全面介入高职学院的教学培养过程，以全面反映高职教学的职业性、实践特色与开放式。

建立"双师构成"教师队伍建立的持久管理机制是众多高等学校面对的一个长期而又艰难的重要任务，校企合作是高校破解这一难点的重要突破口。高等学校教师队伍建立方面要顺应教育模式变革的要求，加大学科专业老师中具备企业工作成功经验的老师比重，安排学科老师到公司"挂职"锤炼，积累现实工作经历，以便将提升老师的实践性教育落在实地。另外，也应从行业、公司大规模招聘人才和能工巧匠到高校做兼职老师，逐步形成实践技术学科由具备实际工作成功经验的兼任老师授课的体系，建立专兼融合的"双师构成"教学队伍；与此同时，对来自业务第一线的兼职教师来说，还必须更加重视对其教育教学能力的培训，使之尽量满足企业发展高职教育的现实需求。此外，公司在兼职教师的选择和课程任务设置上应将灵活性和多样化、开放性和互动性有机地结合起来，而不能单纯地将高职学校中已有的教育传统和规范作为兼职教师管理依据，必要的时候可打破教育常规，根据学生的时间特点来开展教学。

校企合作是一个复杂而系统的工程，要依靠高等院校、部门、行业与公司等各方面的合力，建立有效的合作保障机制。政府方面也应出台措施、办法和细则，建立健全企业参加职业教育领域的法律体系，进一步明晰企业在人才培养体系中所应承担的职能与权责，在法律方面为校企合作的顺利开展保驾护航。企业要培养良好的联合意识，要从长期的、可持续发展的高度理解校企合作对提高企业形象和加强人力资源储备所产生的重要意义，积极选送工程技术人员与能工巧匠在职业院校兼职教学，积极参与高职专业院校教学改革，为培训"双师型"工程师资创造条件，为培养工程学员的实际操作和动手能力提供帮助和支持。高校方面要注重自身实际素养的训练与提升，制定措施引导师范生积极参加实践训练，增强实际教学能力；教师应主动邀请各大企业、公司的技术骨干和能工巧匠到校担当授课的任务，以形成"校企互动、动态组合"的兼职教师队伍。但是，也有一些方面必须要重视，特别是突出教学团队的"双师结构"建立并不能忽略教师个体"双师素质"的养成，教师个人也是教育队伍的基石，两者都一样重要。具备一些符合"双师"素质的学科专业老师是组成"双师构成"队伍的基石，高质量的"双师型"学科带头人和骨干教师是组成"双师构成"教育队伍的中坚力量。

所以,对中国高职学校来说,教师建设的总体目标是培育和形成一个技术过硬的"双师结构"教师队伍;对高校教师个人来说,也需要在确保具有相应的理论授课能力的同时,通过培训、挂职等各种方式不断加强对从事实际课题教学能力与专业实践活动指导能力的训练。

各高职学校都应当正确确立校企合作的"大职业教育观",使老师在终身教育理想的指导下朝"双师素养"方向发展不断努力,创设利于"双师型"专业教师队伍形成与发展的良好外部环境。还需要积极创新工作思路,主动引进优秀项目并建立国际协作平台,形成切实有效的协作机制,进一步完善"双师型"学校的管理机制,全面促进"双师结构"教学工作队伍建设进入健康良性循环、稳定蓬勃发展的轨迹,实实在在地做到"数据共享、优势互补、效益互惠、成长协同"。

第四节 "双师结构"商务英语教学团队的建设

我国的外向型经济不断发展壮大,和全球经济国际化的大环境共同推动着商务英语专业在我国的蓬勃发展和兴起。尤其是我国进入WTO以后,各行各业招商引资的步伐逐渐加速,同时国内外商业活动也日益频繁,因此整个社会对具备较强的语言沟通能力,同时也具备较强商业实际能力的应用型人员的需求量非常大。这对高等商业职业学校而言,既是难得的机会,又是极大的挑战。怎样培育适应经济社会发展需要的合格商务英语人才,以及在诸多趋于同质性的学科中独树一帜,成为摆在普通高等职业学校眼前亟待解决的重大问题。解答上述问题的关键点,就在于提升教学质量。而高效率的"双师结构"教育队伍,则是提升教学质量的重要前提。

一、商务英语教师队伍建设的重要性

(一)建设高效的教学团队已经形成共识

美籍学者乔恩·R.卡曾巴赫指出,学生团体是由特定的具备互补专业技能并愿意为共同目标而相互协作的个人所构成的正式群体。教师团体作为团体的另一个形式,是指参与教师教学活动并根据课堂教学目标而建设自己的教师团体。刘宝存教授指出:"教学团队就是以教书育人为自己的远景目标,为实现某种教育目标而具体分工协作、互相承担的个别知识技能相互促进的个人所构成的更好团体。"教师团体能够带来比其个人

能力更富有成效的教学方式，也有助于提高教学质量。所以，建立一个有效的教师团体，是教育学科价值构建的重要方式。

因此，国家教育部专门制定了《有关提升高等职业教育质量的几个建议》（教高〔2006〕16号），明确要"强化专兼融合的专门教学团队建设工程"。建立合格的专门教师已是高职学校建设工作的现实内在需求，因此建立高效的专门教育队伍刻不容缓。

（二）商务英语教学需要教学团队的支持

商务英语是一种复合型学科。张武保教授认为："国际商务英语专业是从英文和管理类（管理理论、财经、法律、国际贸易）等有关学科专业的主干教材为主修教学内容的应用型、交叉型、多门类的综合性学科专门。它的目标是培养能以英文为工具，自主、熟练、直接、高效地开展各类国际贸易等商业活动的国际型人员。"由该概念可以发现，商务英语有着非常强烈的实践性特点，合格的商业人员具有较强的实际能力，可以进行实际的商业活动。所以，商务英语课程不但需要理论课老师，同时也需要实践课老师。如果商务英语老师既具备坚实的商务英语理论基础知识，又具备大量的境外商贸工作实践经验，并具备"双师素质"，将会对商务英语教学的质量提升产生巨大的促进作用。不过，如果要所有的商务英语老师都具备"双师素养"，显然是不现实的。建立一个由理论课老师与实践课老师所构成的教师队伍更富有可行性。因为在这样的教师队伍中，既必须有专长理论课教学的老师，也必须有专长实践课程教学的老师，同时两种学科的老师也要彼此取长补短、相互沟通，为教育教学的提升而努力。

（三）商务英语教师的现状需要重新建立教师队伍

刘杰英教授在调研时发现，商务英语老师一般存在以下三种情况：首先，老师的知识结构不合理。部分老师商务知识水平不高，而部分老师的口语水平不足，由此导致了两极分化，在教学中，有的变成了单纯的英文知识课程，有的则变成了商务知识课程。第二，老师思想观念和教学方法发展滞后，忽略了学生对实际技能的训练，学生接触了专业知识，而实际潜能却没有得以充分发挥。第三，学校构成不当，一般涉及年级构成、职位构成以及师资来源。尤其是在教师资源方面，由于大部分老师或主修英语言文学专业，或主修国际贸易专业、商务管理专业等，出自业务第一线的技术人才很少，导致大部分老师重理论轻实际，没有对实践方面的切身体会。而且，尽管有个别来源于公司的兼职教师，由于自身没有专职掌握过高等教育、心理学等的课程基础，加上缺乏实际课程经验，往往在实际教学方面出现了很多问题，从而无法把实际教学与理论有机地融合在一起。若能成立一个教学组织，使不同的师资明确分工，各有所属，则可以大大改善目前公司英语教学中遇到的困难。

二、"双师结构"是构建商务英语教师队伍的重要基础框架

怎样构建和如何建立一个有效的商务英语教师体系,是目前必须解决的基本问题,而双教师架构也将是解决该问题的关键所在。

(一)"双师结构"的内涵

国家教育部在《有关开展2006年度我国示范性高等职业院校建立规划项目申报工作的通告》(教高厅〔2006〕44号)中,首次明确提出"双师构成"专门教师队伍这一概念。紧接着,在《有关提升高等职业教育质量的几个建议》(教高〔2006〕16号)等文件精神中,都明确提出要推进"双师构成"专门教师队伍建设工程。尽管文件精神并未具体界定哪些是"双师构成"专门教师队伍,但是指明了建设工作走向:"首先要提高专业教师队伍中有在企业工作经验的师资比重,通过组织专业教师队伍到公司顶岗实践,积累现实经验,进一步提升师资实际教学能力。同样,要大力招聘行业企业的专门技术人员和能工巧匠到高校做兼职教师,并逐渐扩大兼职教师比重,以逐步形成学校实用技术课程中主要由具备一定专业技能水准的兼课老师授课的新体制。"

在国家教育部的文件中我们可以看到,"双师结构"的教育队伍中不但应当有理论知识课的老师,而且应当有实际课的老师;不但应当有全职教师,而且应当有兼任老师;不但应当有授课人才,而且应当有能工巧匠。"双师结构"的"师"不但能够包含传统意义上的老师,而且能够包含一切具备丰厚实践经验的工程人员、商务师,乃至职工师傅之类。"双师结构"的精华,意味着理论和实际的有机统一。这就对构建现代商业英语教学团队提出了具体的理论研究方向和政策指导。

(二)"双师结构"商务英语教学团队的构成

按照中国教育部对"双师构成"的释义,根据商业英文授课的内涵和特征,商业英文授课队伍中的"双师构造"成员可能涉及且不限于以下人士:英语语言老师、国际贸易老师、管理学教师、国际经济法老师、商法教师、国际商务师、商贸翻译人员、国际贸易经纪人、单证员、国际贸易代理人等。

三、关于建立"双师结构"商务英语教师的原则与办法

按照卡曾巴赫对队伍的理解,队伍的基本组成要素一般可以概括为"5P",即Purpose(总体目标)、People(人才)、Place(位置)、Power(能力)、Plan(策略)。总体目标是一个队伍的核心灵魂,缺少了总体目标就谈不上一个队伍。因此一个队伍从成立

伊始，就应该有明确的目标。只有具体化的、共同的、长远的目标，才能带动全体队伍成员作为一个整体和谐统一地前进发展，从而产生更大的工作效益。有了总体目标之后，人才便是组成队伍最核心的动力。因此只有具备了正确的领导人选，整体队伍的目标方可顺利实现。位置就是具体处在哪个地方、担任何种角色，以及组织人员在整体群体中的位置和组织人员在全部群体中的位置。而所说"职权"，指的是队伍担负的责任和应有的职权。队伍的权限范围应该和它的位置、能力和所承担的各种资源相匹配。最后研究的问题是方案，有关具体进行事项、解决、实现目标的方案。队伍的构成要素就是建立"双师结构"商务英语教育组织的基本准则与方式。

（一）目标求同存异

商务英语教育队伍结构的明显特点是有高校教师，也有外公司员工。而他们的岗位目标也不一定完全一致。对高校教师而言，他们的基本职责目标就是为学校培训出合格的商务英语人员，即以教学为导向的工作目标。而对来自商业工作第一线的员工而言，学生的基本工作目标就是为公司增加利润，亦即以效益为导向的工作目标。这二者之间必然会出现对立和冲突，因为教学更多地着眼于个人的发展，而商业工作则以物为核心。一旦双方的工作目标无法统一，产生了分歧，则很有可能造成教学团体的瓦解。所以，追求统一的工作目标才是成功建立商务英语教学团体的首要任务。

要找到工作团队的统一目标，就需要深入探讨双方目标的共性与契合点。尽管学校老师与公司员工最基本的工作目标不尽相同，但他们之间也有着很明确的预期交集。身为代表学校的语言老师，他期望培训出来的商务英语人员都可以适应公司的岗位需要，学员们不仅能够成功找到合适的工作，甚至一毕业就能够无阻碍地步入工作，并成功地转变自我身份角色。而身为代表公司的商业员工，他则深感利润率的提升、在商业领域的成功都离不开实力强大的优秀员工的辛勤劳动，在招聘流程中，公司对优秀员工的要求也常常体现为求贤若渴。因此，一个培育卓越国际商业人才的学校就是联系学生和公司之间的纽带和桥梁，这同时也是商业英语教育目标的出发点和归宿。在构建商业英语教育集团的过程中，学校必须要把握契合点，为集团指引方向、创造动力、培养凝聚力。

沃伦本尼斯教授指出，共同目标是一个最有力的、最具有激励性的共同因素，它能够将所有不同的人联系到一起，并共同朝某个目标而奋斗，从而达到团体效果最佳。在商务英语教育集团的构建中，其共同目标是培育能够为公司创造价值的、对综合素养与技能充分开发的、满足公司发展需要的既具备深厚语言沟通技能，又具备丰富的商业理论基础知识和丰富实践经验的合格商业人员。而在此共同目标的基础上，学生与公司之间还需要一起建立更为明晰的共同目标，以努力实现学生与公司之间的无缝衔接，从而求同存异，达到合作双赢。要实行"订单式"人才培养模式下的校企合作，就必须针对企业的具体需求确定培养目标。因此，如果公司需要外销员，而在提出共同目标的时候就必须确定符合要求的外销员所必须具有的相关能力。

（二）结构多元化

商务英语教师的组成结构需要多样化，这涉及了技能的多样化、岗位的多样化和年龄段的多样化等。唯有经过多样化，成员才能优势互补，队伍才能富有生机与创新力。过度地以某一个目标来限制成员势必导致一些拥有独特才能或经验的人才被排斥于队伍以外，导致队伍无法获取新的资源。

1. 技能多元化

商业英语课程，是英语教学与商业课程的综合体。教师队伍中既要有教授英文听、说、读、写、译等各种基本技能的英文老师，同时还要有讲授财经、企业管理、贸易、商法等商务基础知识的商业专门老师。而且，还要有讲授商务谈判、贸易实务、商务礼仪等实践性教学的技术技能型教师。所以，在商务英语教学队伍中，组成的人员的专业技能也应该多样化，每位成员必须在商业英文领域的某一方向做到"术业有专攻"，并且还必须粗略地掌握其他的专业技能。

2. 职业多元化

技能的多样性决定着职业的多样性。在商务英语教师中，不仅需要有专门的老师，还需要有其他行业的人员，他们即便不担任专职教育管理工作，也需要担当部分兼职工作。这些人才也可以来源于商业领域的各行各业，包括商业管理、营销、采购、物流配送、营销、公关、人力资源、法律、信息管理咨询业等。由于在现代商业发展中多样性、专业性的趋向也越来越强烈，所以在挑选教师组成队伍的时候也应该顺应时代潮流，朝着更加多样化的方向发展。

3. 年龄多元化

一个具有可持续成长的社会团体中，团员的年龄应该在从老、中、青年的各个阶段均有发展。一方面，老龄成员能够给青少年成员带来更丰富的社会实践经验；另一方面，青少年队员能够给老队员带来新思想和新的东西；而中青年队员能发挥承上启下的关键作用，成为队伍的骨干。近几年来，全球经济环境变化无常，只有融合不同年龄层段队员的教学团队，才能真正以历史演化的思想统揽全局，拨云见日。

（三）定位准确

首先，"双师结构"商务英语教师的定位，需要立足于校园与社区两个维度上。一方面，该教育集团需要服务于商务英语项目和商务英语项目质量的提升以及教学改革的深化；另一方面，该集团需要立足于区域商业与文化的开发。"双师结构"教师队伍在定位方面形成了先天优势，队伍组成比较善于教学和研发，能够协助该队伍在学生层面实现精准定向。而当队伍中的企业人员都具备了更丰富的社会实践经验后，就能够协助该队伍在社会层面上实现正确定位。把这两个方面的特点有机地融合之后，校企合作、工学融合等目标就能够自然地顺利完成。其次，队伍中的成员也需要清楚各自的位置。"双师结合"强调的是个体力量的有机融合，发挥的是"1+1>2"的优点，所以团体成员都应该在掌握渊博的专业知识的基础上发挥个人的独特优点，并尽量避免由于个人精力有限所造成的粗而不精、广而不深的缺陷。因此，该校必须实现专任老师与兼任老师的科学合理分派，有人专业从事教学、有人专长学术研究、有人专司实务辅导，他们全体成员定时切磋与沟通，集中备课，集体开展企业实验与观察，相互教学，取长补短。

（四）权责明确

商务英语课程的基本教学内容包括训练他们坚实的英文语言综合运用能力，同时讲授基本的商业基础知识，并且从实际训练中进一步充实他们的商业知识。而英文教材则负责训练他们的听、说、读、写、译等各方面的基本能力。商业贸易课程教授要尽可能地使用双语主义教学方式，负责讲授与贸易实践有关的一系列课程，包括经济学、国际贸易理论和实践、贸易函电写作、商业英语会谈、贸易口译、国外商法等。而贸易实践课程教授则要负责联络各种贸易企业或公司，与他们签订长期的战略联和培训协定，并引导他们到这种企业或公司中开展实践训练，并对其进行专门的辅导；由专业机构或企业招聘兼职教师进行商业实训方面的辅导，并对一些不了解商业应用的老师进行业务培训。

团体带头人，是一个团体的灵魂角色和重要核心。带头人应当具备较强的领导才能、组织能力和号召才能，并且善于知人用人，可以在把队伍成员配置到合适的职位上以最大限度地发挥其功能，以便于确定队伍中每一位成员的具体权限与职务。而针对"双师结构"中教师队伍的特殊性，选拔出色的带头人必不可少，但必须要避免出现外行领内行的尴尬局面。

（五）计划明确

商务英语教师队伍与社会经济发展紧密联系，并立足于区域商务发展与地方经济社会发展，走产、学、研相结合的综合发展路子，把教学团队的发展与学院的发展和社区的发展紧密结合在一起。

一方面，商务英语教师队伍要深入商贸企业，并认真掌握企业内部对商贸人才培养的具体要求，防止企业闭门造车，以便培训出优秀的合格商业人员，以促进中小企业、商贸与市场经济的发展。另一方面，通过团队和公司的协作，使公司意识到招募人员从学生入校时起步，人员的培养从校园教师开始，以此引导公司对教师队伍以及校园的发展出钱出力。

队伍成员的个性发展与队伍的总体发展同样重要，要制订出详尽的个性发展计划，为队伍的总体发展奠定良好的基础。尽管队伍中的老师与企业员工各有特长、各司其职，但每个队员都应该对商务英语的专业知识、技术与教学能力有全方位的认识，以便提升双方交际与互动的效果。为此，学院要定时指派专门的老师深入企业一线挂职锻炼，并定期开展国际商务理论讲座交流活动；要通过定期的教学理论和基本功训练与比赛，提升企业管理人员作为兼职教师的素质与水平；组织研究队伍，对商务英语教育理论和实务中存在的重大问题，开展深入的研究和探讨。

"双师结构"商业英语教育集团，是一个多元化的综合性集团。它聚集了教学、研究、实务等各方面的全职和兼职教师。集团人员或熟悉教育政策、或善于教学研究、或具有丰富的实践经验。尽管每个人未必对商业语言的思想、教学理论和实务都具有充分的了解，但因为每一个人都在某一方面掌握着高于别人的专业知识和技术，所以在集团领导者的科学管理与合理统筹之下，集团成员能够更高效地进行优势互补，从而达到了各方面专业知识与技术的有机结合，进而激发出一个传统全能教师所难以激发出来的团队创造能力。它对提高教育教学质量、提高学科专业建设层次、促进教育教学改革、保证普通高等职业院校培养水平、为社会培育优秀的高素质商务英语人才，有着重大的现实意义。

第五节 "EGP + ESP"与高职英语教师专业发展

更细致的社会分工则要求人的学习与工作都要有更明确的方向，也叫专业化。作为高职专业院校学子，在校求学阶段就需要为今后自己所从事的职位做好学识与技术等方面的预备。而身为高职学校的英语老师，也需要相应地为学员达到这一目标提供相应的协助与保障，从而良好地协调 EGP 与 ESP 之间的关系，谋划好自身的专业发展，更好地服务于高职学校英语教学。

一、EGP 和 ESP

国家教育部高职高专英语教学工作指导委员制定的《高职教育英语要求》（研究稿）

认为：高职英语教学应该包括基础英语 EGP 和 ESP 两种教育阶段。斯蒂文斯理工学院给出了 ESP 的四项基本特征：①在要求上适应了特殊的学习者群体；②在内容上与某些专业和职位有关；③语法、用词和语篇放在与某些专业、职位有关的活动中的语言使用上；④与普通英文的对比。可以说，将语言教育目标和学习者要求紧密结合起来既是 ESP 的魂魄与精神，又是 ESP 形成与发展的动机。在实践教育中，ESP 和 EGP 都是彼此接续和共同统一的，也是达到同一个语言教育目标的两个层次。EGP 以一般的语言基础知识和专业技能训练为主要内容；而 ESP 则在语言应用分析的基础上，以训练学习者群体在特定工作环境中使用英文进行交流的能力为主要内容，因此有着非常突出的应用性和专业特色。"ESP+EGP"教学模式体现了"先基础，后专业"的高职英语基础教育规律：EGP 是 ESP 的基础，ESP 是 EGP 的继续；EGP 是语言教育中的基本课程，ESP 是语言教育中的专业课程。

二、ESP 教学的要求及实现途径

ESP 教育对高职学校教师和高职英语老师都有着特别的要求，从学校层次上来讲，都需要严格的准入机制，重视岗前培训。一般高校教师的专业发展都起步于入职前，而高职教育教师在大学学习阶段的有关专业课学习实际上是学科发展的重要基石，英语老师自然也不例外。而扎实的听、说、读、写、译等能力的训练，对英语国家文化背景的熟悉以及跨文化交流能力的发展等，都是成为合格的高职学校英语老师的必要条件。除此以外，职业教育的职业特点还决定着学校对其招收人员的特殊条件。只有建立规范的执业资格标准，完善职教师资准入体系，规范高职高专学校英语师资招聘的专业化、技术化和规范化，不达规范不得招聘，这样可以在根源上保证高职学校英语师资的素质，同时这也是师资专业化工程的一项重要举措。

在岗前培训方面，因为高职英语教育学习过程不但具有一般话语教育的特点和要求，也同样具有职业话语教育的特点，即更强调实用性、专业化和方向性，所以，对高职英语师资要求的规范也不应该单纯是专业资质的问题，而更应从专业性的视角对职教英语师资力量的学科要求和特点加以规范。所以，对高职学校英语老师的岗前培训必须加强针对性和目的性，对教师培训的教学内容和培训的时间结构也必须有更高标准的要求。叶澜博士指出："学科专业蓬勃发展也正是老师的学科专业发展或班主任自身的学科专业构成不断更新、演化和完善的整个流程。"其蓬勃发展既涉及教师专业知识的增长、教学技巧的熟练、老师创新能力的培养、老师学科专业的进一步蓬勃发展等，又包括老师教学方法的改变、老师教育情感的成熟、教师教育理念的与时俱进等。关于英语教育的学科发展，吴一安博士认为应该包含四大层面，即外文学科教育能力、外语学科教育行为观念和伦理、外语教学观念和外文课程学习和发展观。高职 ESP 教学要求教师不但应该具备坚实的语言功底，必须掌握相应的专业技能，同时也必须了解相应职业群的具体工作过程，这也对高职英语专业教师的专业发展提出了很大的挑战。从英语教育本身出发，要迅速满足 ESP 教育的需要，设计出学科发展路线，具体可从如下几个方面入手。

（一）转变观念，找准高职英语教育目标定位

1997年，联合国教科文组织的《国际化办学标准分级》中对高等职业教育目标的表述是："课程是针对实践的，是分具体职位的。首要目的是让学习者掌握某种职位或产业或某类职位或产业所需的实践技术和专业知识，顺利完成这一类作业的学生通常具有加入劳动力市场经济所需的才能和资质。"但实际上，现在依然有部分高职的英语教学始终在沿袭传统的模式，仍在办压缩型的本科生高等教育，过分强调"理论知识根基"，过分夸张"专业知识面"，从而存在着对人才培养目标的过多、过广的现象。按照《××××基本要求》，高中职务英语课堂应坚持"实用为主，够用为度"的基本方针，"基本理论课要以使用为目的，以必要、足够为度，本科课的教学活动要增强培训针对性和应用型"。

价值观的变化，一般表现在教育观、认识观和学习者观等几个方面。在教育观方面，老师不应该以教学知识作为唯一的教育目标，而必须充分调动学生的学习积极力，让其了解学习方法，从探究中发掘知识点、学会运用知识点。在认识观方面，老师必须在课堂教学中实行任务式课堂教学，引导学习者利用英语进行各种实际的生活、学业、操作等任务，使课堂教学的目标实际化、目标化，并训练其应用英文的能力水平。在学习者方面，老师必须要切实地做到以学习者为中心，不要以老师教得如何而更应该以学生学得怎样作为评价课堂上能否取得成功的依据。老师的教育最终要通过学员是不是可以承受、接受得怎么样、对他们的成长有何帮助来反映与检验。

（二）提倡行动研究，在实践中提高自己

教学行为研究也是近年来在国外兴起的教学科学研究方式之一，与英语教学有关。它是以教师合理地处理教学实际中的现实问题，为提高教学质量，重新评估自己的教学，以处理在课堂教学中遇到的最棘手、急需解决的现实问题为目的，所进行的将探究和实施合二为一的教学流程。Nunan 曾以语言作为第二语言教学为例，阐述"行动研究"的各过程：①确定课题（如学生读书趣味不强）；②初步调研（搜集第一手资源）；③做出假定（内容未能激起学生的兴趣，在课堂教学中过多地使用了陈述性问题）；④干预（改变教学方法使其紧密联系学员现实，大量采用推论性提问）；⑤效果（大批学员参与度、

兴趣爱好进一步提高，学员内部、老师内部互动大大增加）；⑥汇报（汇报成果，有利于教师自身技术水平的提升）。行动研究让英语老师更加熟悉并掌握了学生的专业发展特点，从而增强了学生观察、独立思考与科研的能力，也增强了教师自主发展的能力，从而营造出浓郁的教学科研气氛，使学生不知不觉地投入校本课程建设和研究工作中去，进而提升了学院的整体教育水准。

（三）进行反思性教学，在反思中成长

对课堂上进行的反思，即反省式教育，或称"反思型教学实践"，是指老师依靠实际教育经验的优点，在教学实际中发现问题，并经过进一步思考观察探索解决的途径与对策，以实现自身改进、自我完善的教育目的。

教师个人专业性进一步发展的心智激励机制的实质，就是课堂教学反思。反思能力是高职英语教育学科发展的关键推动因素，是"学科专业进一步发展和自身成熟的基础原因"。它要求英语老师要认真检查自身的教育实践，反省、检查、监控自身的教育活动，并总结自己教育工作过程中的得失，完善教学模式与策略，以推动学生的学习与健康发展，并满足课堂需求、学校需求、社区发展需求等。反省课程讲授的过程，是指老师通过对自己课堂教学经验及成效的分析和反思，使自身逐步快速发展为专家型老师的过程。所以，反思性课程讲授是高职专业英语老师学科发展的关键。

反思式教育不但能够推动英语师资学科实力的不断增长，同时更是一个全新、高效的英语教师培训模式。Richard 认为，教师高层次才能的训练不能由技巧训练来实现，必须是长期进行反思的成果。大学英语师资职业化起点低，反思性教育为其创造了一个全新的在职培训、继续教育和终身教育的方式。

（四）提高科研能力，在研究中完善自我

更多的研究者指出，教师参与科学研究可以提高学生的专业性。开展教学研究，就意味着教师认为自身已经有条件构建理论知识并进行自身的教学实践。而高职英语教师如果作为学者，则自身也就不再是一名机械的理论知识传授者，而是可以逐步发展为能够对自身在英语教学实践中进行探索的主动的教学参与者甚至首创者，并可以通过将自身从教学一线得到的新鲜的信息，所做的研究、记录加以分析总结，从教学行动中反省、提升自己的学科素质，为日后创造性地开展教学改革、修订稿课程研究，做好准备。

（五）加强"双师素质"培养，培养复合型教师

国家教育部在《有关进一步加强高职高专教师队伍建设工作的几个建议》中，规定了"双师型"的教师数量不得小于本校专业课老师数量的百分之八十，但在实际培养中这一目标并没能执行到位。当前职业院校"双师型"教师的数量远远小于现实需要，反

映不了职业教育教师的特征。这从客观上影响着职教师资专业化的发展趋势。

职业教育师资不但应该具有普通教育师资的全部职业道德素养，同时还必须具有相应专业工作人员的部分职业道德素养——重点是对相应领域（职位）基础知识的理解和相应领域（职位）工作基本技巧的把握。"双师型"是对每个职位教育老师的基本要求。假如一个职业院校的外语老师，对相关行业（职位）并没有基本的认识，是很难进行有效教育的，且 ESP 教育的成效也必然不理想，更难以实现职业院校的外语课程及教学目标。

（六）参与校本培训，与院校共同发展

根据全球教师教育联合会的相关定义，"校本教育是指根据学校教育成长的需求，由校方开发和设计的，用以适应本校所有老师的岗位需求的校内教育项目"。它与目前中国很多高职学校老师所进行的、以提高自身的文凭水平为目的的学历教育课程，是根本不同的。

从教师专业发展视角考虑，校本培训将更接近于教师的个性特点与需要，也有利于引导教师建立系统的个人教学方案，创造可以开展教师反思性课程活动的良好教学氛围，并随着教师发展状况及时调适，克服在教学理念、教师价值观、教学技能和教师业务知识体系等领域所出现的各类现实难题，从而有效推动其发展。同时，高职学校只有根据自身发展中存在的问题，将老师的实践工作经验带入教学当中，通过设计集独特的科研、创新实践、实战演练于一身的教学课程，为指导老师提出最符合自身的教育技能实践方案，并坚持开展教育反思，真正做到"学用"结合，这样才能进一步拓展老师的专业知识。

第八章　高职英语教学创新研究

第一节　新媒体下的高职英语教学

计算机技术的不断发展与进步，数字信息化技术的不断优化和完善，使得信息化教学模式获得了很多教育者的关注。这样的发展趋势不仅可以优化以往教学模式的劣势，还可以提升有关学科的教学效果。信息化教学是对当代先进教育技术的合理运用；同时，也是新教学理念的完整体现。对于教师来说，想要促使学生取得一个好的成绩，要先为学生提供一个良好的情绪环境，激发起学生学习英语的兴趣。就目前的现状来看，传统的教学形式较为枯燥、乏味，常常无法获得良好的成效。所以，引入信息化教学模式对于高职英语教学有着极为积极的促进作用，能够激发学生学习的兴趣和主动性，在一定程度上还能够拉进师生间的交流，缩短老师和学生之间的距离，也可以改善传统教学的缺陷和弊端，进一步深化英语教育改革的步伐，从不同层面提高学生学习的积极性，为促进高职英语教学的创新提供一个稳固的地基。

一、信息化教学理论概述

（一）信息化教学的定义

信息化教学是具有相对性的教学理念，它是与传统教学形式相对而言的一种教学模式，是以信息技术为支撑的，所以将其称为信息化教学。信息化教学模式通过信息技术手段来推进学生的自主学习能力，也是提升学生认知及情感激励的一个工具，借助信息技术自主探索、多重交互、合作学习和资源共享的功能，促进高职学生创新思维与实践能力的强化和训练。

（二）信息化教学的理论基础

信息化教学的理论基础有三大方面，分别为建构主义理论、多元智能理论、系统科学理论。建构主义由心理学家皮亚杰提出，强调学习者的主动性；多元智能理论是由教育学家加德纳所提出的，这一理论倡导学生具有多种智能理念，指出每一个学生的智能是多方面的，并没有拘泥于一种智能机制内。其智能机制总共有八种，同时，每个学生的智能形态是各不相同的，或许学生某个方面的能力较强，又或者是某些方面较为弱，其不同方面的智能机制会呈现一定的差异性。因而，教师在教学过程中要平等、公正地看待每一位学生，依据因材施教的原则来教育和引导学生。而系统科学理论属于一种新兴的科学方法论。教育需要三方的积极作用，需要关注学生之间的差异性，鼓舞并发掘学生的长处，从整体上提升学生的能力。

二、新媒体在高职英语信息化教学中的优势

（一）拓宽并充分共享教学资源

新媒体平台的应用，一方面可以拓宽英语教学资源，学生之间可以在最短的时间内共享有价值的学习资源。另一方面，借助线上学习平台、云班课平台、翻转课堂、微课等，拓宽学生的学习途径。基于新媒体环境下的网络教学提高了教学信息的传播速度，如微信朋友圈的实时转发，可以在短时间内使得一篇英文视频的传阅量高达上百次，使得学生在共享学习的资源中得到了最大便利。

（二）形、声结合，示范信息标准化

世界是由不同的人所组成的，而且每个人的能力也是有限的。高职英语教师也是如此，在教学过程中，他们也无法保证其所教授的每一个知识点或示范信息都是准确且无误的。然而，这正是问题所在。若把带有误差或错误的知识信息传授给学生，学生想要在后续改正过来这些错误的信息是极为困难的。比如，很多英语教师带有很鲜明的个人特色，在讲课方式上带有浓郁的方言口音，进而其所教授的学生的英语口语表达也会带有极为强烈的地域性。而信息化教学就能够彻底解决这一问题。例如，借助信息化教学设备开展微课教学，微课可以把不同技术手段进行融合，如视频、动画、图片的结合。此外，教师还能通过新媒体平台去搜集一些教学材料，从表现形式和内容传达方面不断优化其教学实质，以新颖的方式来吸引学生的注意力，强化其对课程的热爱，进而来促进课程的教学效果。教师可通过微课课件来强化教学素材的标准化水平，利用信息化教学设备所具备的语音播放、领读、听力测试等功能，以形声结合、标准化、示范化的教学形式来完成教学过程，有效规避误导信息的出现，从整体上对教学活动加以良好的示范和引导。

以英语阅读为例，首先老师可采用赏析法、情境教学法来为学生播放英文视频，在此基础上，借助问题教学法，提出几个相应的问题，要求学生进行思考并解答。例如，视频讲述了一个怎样的故事？你喜欢故事中的谁？此外，在学生充满探究兴趣的同时，老师要规定时间，让学生在限定的时间内读完文章内容，明确分析文章脉络。这样做可以训练学生快速阅读的能力，有助于学生在最快的时间内掌握事件的起因、经过、结果和发展顺序等，进而为提升学生的阅读技能打下坚实的基础。

（三）增强学生学习自主性，培养浓厚的学习兴趣

兴趣是最好的老师，是学生取得良好成绩的动力源泉。若高职学生欠缺一定的学习兴趣，就会导致其出现厌学的心理，进而影响教学成效。在以前，授课教师是课本知识的传递者，可以帮助学生理解疑惑的问题。在教学中，教师是课程的讲授者，而学生只是这一实践活动中知识的被动接收者。以学生为中心的教学模式，需要将学生当作课堂教学的主体，在教育教学大纲的指导下，按照学生的身心特征以及学习基础来合理地设计教学过程。采用"先学后教"的方法开展课堂教学任务。例如，通过微课开展教学活动时，老师要从一些富含成功经验的事例中提取教育素材，总结、梳理、归纳课程所需要的教学材料，以激励为着手点，促进学生自主探究技能的有效开发和提升。教师应通过带有积极、正向、引导性的微课视频和趣味性故事来吸引学生的注意力，并通过微课导入课程内容；还可以在讲解过程中插入微课视频，从而把教学和微课恰当地结合起来，进而提升教学成效。在课堂教学活动实施过程中，教师对重点、难点内容的深入解析，对于疑难点，合理地运用信息化教学设备，借助教学设备上带有的动画功能，设置特定的角色任务、角色情绪来激发学生的关注度和参与度，帮助学生养成分析和思考的习惯，并激起强烈的兴趣。

三、从新媒体看高职英语教学存在的问题

（一）教学理念与教学实践不协调

高职英语教学需要符合新教学理念的标准，然而，应试教育观念的制约和影响，导致高职英语教学的观念依然延续了以往的教学思想，关注的是学生的考试成绩，缺乏对学生创新思维的培育，教学模式和内容也与以前的一样，授课内容缺乏新颖性，阻碍了新时代学生新思维的养成，所以有必要改变传统的教育思想，侧重于创新和想象能力的培养，鼓励学生发挥主观能动性，帮助高职学生拓宽新的视野和创新意识。

（二）学生缺乏英语学习的积极性

在课堂教学活动中，教师是教学活动的引导者，是学生成长发展之路的引路人，其所发挥的作用极为关键和重要。一个出色的老师对学生的学习有着重要作用。目前，就教育行业的整体现状而言，教学形式具有很大的滞后性，高职英语教学的目的较为单一，教学内容的扩展性、探究性以及现实意义较为浅层，没有考虑对学生学习思维的培养。同时，教师的教学过程过于模式化、组织化，忽略了学生在该活动中的主体地位，学生自己思考的时间和探究的时间过于短暂，干扰了学生良好思维逻辑能力的养成。

（三）传统教学模式面临考验和挑战

随着新媒体技术的持续优化和推进，学生学习理念也出现了很大的变化，对高职院校的英语教学也带来了相应的影响和改变。其中英语作业形式的变动最大，不同的手机练习 APP 不断运用于教学实践中，具有取代以往英语作业模式的趋向，例如，以往的作业形式为课文的反复背诵、单词的反复抄写，以及习题练习等，不仅无聊、乏味，而且违背了学习英语的初衷——英语口语的交际性，进而造成学生虽具有英语写作能力，但口语能力无法获得提升。然而，不同形式的手机 APP 以及计算机学习软件的开发和运用，改变了传统的习题练习、课文背诵、单词抄写的作业形式，让学生除了会写之外，还可以通过手机软件跟读标准发音，并进行阅读练习。此外，微信、QQ 等软件的运用，使得学生的作业可及时得到评估和反馈，老师与学生可以通过社交软件实时保持联络。因此，各类英语软件和社交软件在教学过程中的介入，对以往的教学模式造成了很大的考验和挑战，如何应对这一挑战是高职英语教学活动有效实施的要义。

四、高职英语教学常见问题的解决之道：基于新媒体的信息化教学

（一）建设立体化教学资源，推进教学立体化

组建立体化教学资源对新媒体背景下的高职英语信息化教学有积极的推进作用，是英语教学模式改革的前提。构建多元化的学习资源平台，达成学生线上线下个性化学习的目标，推进教学立体化。发展新媒体平台的即时性、便捷性、优越性等特性，辅助教师充分运用教学平台、微信、微博等媒体软件来分享教学资料和视频资源。发挥学校教学资源利用效益的最大化，以及使学生主体能动性得到最大发挥。

（二）借助新媒体平台，构建多元教学模式

新媒体教育环境下的高职英语教学改革可以使整体的教学效果取得相应的进步，使英语教学变成提高学生英语综合素养与知识的平台。然而，在高职英语教学的过程中还

伴随着许多难题。学生取得的英语成绩并不乐观，所以要更新教学观念，构建多元教学模式，提高学生对英语知识学习的渴望。比如，就英语阅读而言，能够通过构建多元教学模式来提高学生英语水平。阅读的方法主要有以下两种：第一，直观阅读方法，由于学生处于大学教育阶段，逻辑思维已得到完全发展，直观的事物有助于强化思维惯性。然而新媒体信息化平台和以往的英语教学方式不一样，信息化教学有很鲜明的动态性、而且很直观。所以，老师应向学生介绍新媒体信息化教学平台的优点，激起他们的阅读热情。第二是比较阅读方法，新媒体阅读平台拥有丰厚的阅读资料，具有成本低廉、访问便捷和形式多样等特征，老师要引导学生将信息化阅读与教材内容进行结合，并且对比阅读，来提升学习的主动性，扩大阅读内容。

（三）开发实践性课堂，培养学生实践创新能力

在高校教育中，需要将社会教育、实践性教育与课堂教育工作进行协调、平衡，让学生接受到更为全面完整的教育，提高学生的实操能力。为学生灌输写作交流的学习意识，进而积极配合学校的教学任务，优化并完善教育过程。教师要擅于利用信息技术，给学生提出学习任务，通过实验教学，让学生在观察与探究过程中，获取知识。鼓励并引导学生在实践的过程中提升自身的创新能力。比如让学生分别收集相关的课程信息，通过多媒体课件进行汇总描述，并展示学生在信息化平台所查找的课程素材，这一过程有助于培养学生解决实际问题的能力，并激发其学习自主性，促进学生向更为全面的方向发展。

（四）趋利避害——规避信息化教学误区

与其他媒体工具一样，新媒体平台中不适当的内容可能会导致或加深学生对某些社会现象的误解。首先，高校学生的媒介批判能力、鉴别能力较低，容易受网络不良价值观的影响。其次，高校学生过度依赖媒介平台。在新媒体时代，学生获得信息的重要渠道是互联网，互联网以其自身优势给大学生提供了便捷的信息获取渠道。但是，网络在带来丰富信息渠道的基础上，也存在着大量的娱乐性活动和虚构性场景。很多学生的自控能力较差，容易受到影响，使其沉浸于网络之中，使其现实人际交往能力下降，课业成绩下滑，严重影响现实生活。所以，要消除这一负面影响，隔绝这些潜在的威胁和挑战，就需要教育工作者及时采取强劲有力的措施来防范化解。另外，教育工作者在通过信息化模式教学的时候，要及时关注学生的动态，帮助学生筛查课件内容，助力学生积极学习习惯的养成，培养正向的主流价值观，并推荐带有正向色彩的学习软件。

第二节　工学结合下的高职英语 RICH 教学

随着国民经济水平的不断提升，我国供给侧结构性改革已初见成效，不再是以往"粗放型"的高速经济发展方式，而是追求"精细化"高质量的经济发展方式。经济发展更注重质量，主张专业的事需要专业的人来做。在企业招聘时，用人单位会以多种方式来考察应聘者是否具有与招聘岗位相匹配的专业素质。"专业性"这个词，引起了大众的关注。那么，作为向社会输送专业技术型人才的主力军，高职院校始终坚持以学习与工作有机结合的教育模式为指导，通过对高职教育教学课程体系的改革，探索高职教育新方法。其中，保持对高职英语教学法的研究，一直是高职教育教学课程体系改革不可或缺的一部分。

一、工学结合视角下高职英语 RICH 教学法的认知

在今天，高职院校所培养出来的人才，具备专业技术性强、实践利用率高的特点，这一观念已经根深蒂固于社会公众以及用人单位的心中。同时，随着我国国际化水平的提升，社会上对英语专业高质量人才的需求越来越大。然而，随着时代的发展，传统的高职英语教学方法不再适应于新形势，各大高职院校不得不创新高职英语教学方法，提高高职英语教育教学水平，进而提高学校的社会认可度。从传统高职英语实际现状出发，找到适合高职英语发展新形势的 RICH 教学方法。

（一）传统高职英语教学教学现状及存在的问题

传统教学机制在有效运作方面与人才培养全过程的衔接还不够顺畅、协调，在课程设计方面没有注重对学生专业素质的培养。同时，在如何培养学生自主意识、注重提升能力、增加教学平台多样性和模拟实践环节等方面，达到与学校人才培养方案融为一体，还需要做大量的工作。

1. 课程设计与学生专业素质培养缺乏有机结合

有不少高职院校所开设的英语教学课程，没有与实践有机结合形成系统的课程体系，还存在与学生英语专业素质有脱节的现象。现在大部分高职院校对高职英语的课程设计，还仅仅停留在对学生听、说、读、写等表层能力的培养上，缺乏深层次的、有针对性的课程内容。比如，对于能够真正提升英语交流能力的外教课程，数量少，而且质量不高。另外，在实际工作中，一个真正符合企业用人需求的高素质人才，应该在具备高

专业技术水平的同时兼具沟通交流和团队协作能力。但是现在大部分高职院校的课程设计，缺少将学生素质教育融入专业课的部分，缺少符合社会新需求的课程内容。

2. 教学方式单一，缺乏针对性

在大多数高职院校的英语教学体系中，主要采用课堂授课等传统教学形式，只停留在意识培养的初级阶段。学生只能通过教师进行书本讲解的方式，来达到对英语专业表层的理解，这会直接造成学生在学习过程中缺乏明确目的，不利于学习兴趣的培养，从而导致学习失去动力。除此之外，在个性培养和实操环节缺乏有效的教学手段和有针对性、实践性的教学资源。单一的课上授课、课后习题辅导的传统教学模式，导致学生只是一味地被动接受知识，不利于高专业素质、实践型人才的培养，更不利于高职院校提高自身的办学治校水平。

3. 学生自主学习能力较差，缺乏积极性

在传统的高职英语教学课堂里，老师是主导者，学生处于接受知识的被动地位。对于英语教学环节，学生是没有参与决策的权利的，只能依照老师的安排，机械地完成课堂任务。对于教学内容缺乏参与感，就会造成学生缺乏英语学习的积极性，课堂氛围沉闷、枯燥无味，降低英语教学效果。同时，传统高职英语教学使学生长期处于被动学习的状态，不利于英语实际运用能力的提升，更不利于学生自主学习能力的培养。

4. 教学平台资源短缺，缺少实践性

在传统高职英语教学中，实践平台的载体较少，限制了学生对于日后实际工作的环境体验认知，进而导致学生对所学专业的了解仅仅停留在表面，不利于专业应用型人才的培养。另外，传统高职英语教师，缺少理论联系实际的实践操作经验，也是导致传统高职英语教学缺少实践性的原因之一。国内高校教师有相当一部分在学校毕业后直接进入学校任教。虽然理论基础好，但是缺乏专业实践经验，不能有效地将英语专业知识应用到学科实践教育中去。

（二）与传统教学法相比 RICH 教学法的优势

RICH 教学法以培养学生的自主学习能力为目标，课程设计上依据当今社会发展新形势，将专业素质培养渗透到专业技术授课的每一个环节中。与传统英语教学法相比，RICH 教学法教学方式多样化，不受传统教学模式的限制，平台资源广泛。RICH 教学法选用具有时效性、实用性的教学内容，提升学生的学习兴趣，提高学生积极性。同时，采用灵活多变的教学方法，鼓励学生主动参与授课方式的讨论，增强学生的主观参与感和存在感。而且，与传统高职英语教学评估方式不同的是，RICH 教学法更注重对学生英语自主学习能力和应用能力的考察。所以说，RICH 教学法更符合高职院校以培养专业实用型人才为主的发展战略。

二、工学视角下高职英语 RICH 教学的特点

在经济高速发展的今天,一种"工作+学习"的教学模式应运而生,其中 RICH 教学法是实现此教学模式的最佳方法。RICH 教学法强调恢复外语作为语言交流工具的自然属性,鼓励学生在真实语境下以积极的态度运用英语交流信息、表达观点和情感。从而达到掌握英语知识、提高综合素质的目标。RICH 英语教学法以培养学生自主学习能力和实践应用能力为目标,强调选择符合自身教学特点的教学内容和教学方法,完善教学评估方式和方法,提升教育教学水平。

(一)与时俱进的教学内容

RICH 教学法在教学内容的选择上更能符合当今社会的要求。传统的高职英语教学多是以课本内容为主,很少补充课外知识。这样一来,使得高职英语教学缺少时效性,无法使专业知识的传递与社会发展进步保持一致。然而,高职英语 RICH 教学法要求,教师对教学内容的设计应适应当前社会发展的新形势,在完成高职英语基础知识教学的同时,注重对具体实际工作内容的拓展。同时,RICH 教学法注重联系学生实际,选择既要符合社会需求又能易于学生接受的教学内容。在教学过程中,充分调动学生积极性,让学生由被动学习转化为主动学习,从而提升高职英语教学效果。而且,在高职英语 RICH 教学法中选择符合工作实际的教学内容,对学生英语运用能力的培养更具专业性和针对性。这样一来,更加符合高职院校培养专业实用型人才的发展目标。

(二)灵活多变的教学方法

RICH 教学法在教学方法的运用上更加丰富多样。传统教学方法以单一的课堂教学为主,而 RICH 教学法教学方式多样,可以依据学生需求的特点因材施教。在 RICH 教学法中,要求教师作为一个引导者的角色,在英语课堂上引导和启发学生自主完成学习任务。学习的主动权掌握在学生自己手里,提升学生的课堂参与感和存在感。除此之外,教学过程不再是传统的"老师讲、学生听"单一的教学模式,而是在兼顾英语基础知识的同时,尝试以小组竞争制等新的教学方式,注重培养学生的英语学习能力。通过组织各种各样的主题研讨活动,提高学生参与课堂的积极度,营造活泼和生动的英语课堂氛围。高职英语 RICH 教学法不仅是为了传递知识,而是更注重对学生能力和专业素质水平的培养。

(三)全面的教学评估方式

RICH 教学法的教学评估方式考察的范围更加全面。传统的英语教学采取"一考定

乾坤"的教学评估方式，所以有不少学生平时不注意知识积累，依靠考前短时间内的复习达到应试的目的。这样一来，不利于学生掌握英语知识和提高英语运用能力。而在RICH教学法中，教学评估方式包括笔试、口试和日常学习过程性考核三部分。其中日常学习过程性考核占总分的60%，笔试和口试占40%。日常学习过程性考核内容，主要是通过学生在英语学习过程中的作业、笔记、课堂表现等项目进行的量化考核。笔试内容就是英语词汇量、语法等基础知识的考察，以考试试题的形式测试学生掌握英语知识的水平。口试内容包括对英语发音、语调、表达、交际策略等的考察，以情景模拟对话的形式测试学生的实际英语运用能力。

三、工学结合视角下研究高职英语RICH教学法的应用措施

在高职英语教学中，不仅要学习高职英语要求的英语语言基础知识，而且需要拓展学生英语语言的应用能力。其教学目标是培养具备专业相关的生产、建设、服务和管理方面的英语语言技能。培养学生能用所学的英语语言知识来处理由与未来职业和就业岗位相关的业务。而RICH教学法的本质就是让普通教师拥有课程决策权，同时把学习的决策权赋予学生，通过以学生自主的、生动活泼的课堂教学，实现语言教学的最大魅力。下面就工学结合视角下，高职英语RICH教学法的研究提出几项应用措施。

（一）改变灌输式教学方法，倡导体验式的互动学习

以往的教学方法主要以老师课上讲，学生只管听的灌输式教学为主，这种机械式的教学方式最终导致学生学习积极性不高，自主学习能力丧失。而高职英语RICH教学法将根据课程特点，改变传统的灌输式授课方式，提出体验式的互动学习。体验式互动学习以学生为主体，在授课教师的指导下，通过学生自己设计、筹划教学环节来完成教学任务。同时体验式互动学习将依据学生特点，因材施教。对于英语基础知识掌握扎实、口语交流能力不强的学生，教师多以情景模拟的形式开展课堂活动，通过这样的形式来锻炼学生的英语语言运用能力。倡导学生在快乐中学习，在参与中学习，在错误中学习，练中学，学后用。有利于学生将专业知识与实践学习融合在一起，这将极大地促进英语专业学习，提高高职英语教学水平。

（二）改革教学内容注重学生专业素质培养

高职英语教学以培养英语专业实用型人才为目标，为适应企业需求提供专业技术指导为发展方向，一直以来，传统的教学内容并不以专业实用性为主，有的甚至与日后的实际工作脱节。这样就导致传统的教学内容无法为实际工作提供便利，进而提升工作效

率。所以，应用高职英语 RICH 教学法通过改革高职英语教学内容，要求授课教师将已有的专业知识与就业实践结合起来，提升教学效果，打造有效课堂，提高英语教师的教学水平。课堂教学内容的设计不仅包括英语基础知识的教学，还包括学生英语专业素质的培养。以课上拓展训练的形式，对日后工作场景进行模拟，包括一系列企业内部环境和外部环境，让学生对今后实际工作有新的了解。在这一过程中锻炼学生的沟通交流能力和团队协作能力，提升英语专业素质，为日后实际工作积累经验。

（三）完善教师培训工作，提高 RICH 教学法教学水平

目前大部分高职英语教师因为毕业后从事专业教学，而相对缺少实际专业性的工作经验。学校可以采取邀请英语专业领域的成功人士来校讲座的方式，来提高学生的专业实践性认知，以解决学生存在的专业实践方面的疑惑为出发点，开展主题性讲座。同时，由于高职英语教师对 RICH 教学法没有系统地培训学习过，而且对应用 RICH 教学法进行高职英语教学缺少经验。为解决这一问题，学校可以邀请从事 RICH 教学方面教学工作的专家，对 RICH 教学，及如何将 RICH 教学法应用于高职英语教学进行专业性介绍。教师通过学习 RICH 教学法，在日常教学中积累经验，提高高职英语教学水平。另外，教师培训工作不是一蹴而就的事情，应该是系统的、完善的。学校应该采取定期组织学校教师学习的方式，更新教学新理念、新技术的培训课程的方式，来提高学校教学模式的创新水平。同时，组织学校教师组成 RICH 教学法学习交流小组，通过对近期在实际英语教学工作中遇到的问题进行交流，积极分享高职英语 RICH 教学法教学经验。

大力发展职业教育，提高高等教育质量，培养数以万计的高素质技能型人才，是新时代教育工作的重要任务。各大高职院校以培养专业技术型人才为发展战略，努力提高专业教学能力，进而提高办学治校水平。结合工学视角背景下，通过将 RICH 教学思想融入高职英语教学体系建设，将 RICH 教学法应用于高职英语教学实际，实现对学生自主学习能力的培养，打造高专业水平的实用型英语创新人才。同时，高职英语 RICH 教学法必将取得良好的教学效果，提升高职院校的英语教学水平，对增强高职院校的社会认可度具有重要意义。

第三节 图式激活理论与高职英语听力焦虑教学

在传统的英语教学课堂中，教学更重视的是学生的英语阅读和写作能力，从而忽视了听力的培养教学。实际上英语听力不管是在大学四六级的考试中，还是在日常英语口

语中都占据重要地位，英语听力能力弱、听不懂英语、英语考试成绩差导致学生产生严重的学习焦虑情绪。学生在常规英语教学中，提不起学习的兴趣，考试成绩不理想便会产生严重的挫败感。针对这一现象，本节以图式激活理论为基础，结合高职院校学生的英语听力学习焦虑现状，探究图式激活理论在高职英语听力焦虑教学中的应用。

一、图式激活理论

（一）图式激活理论定义

英国心理学专家 Bartlett 于 1932 年提出图式的概念。著名儿童心理学家皮亚杰后来将图式定义为一种认知结构，在这之后，图式便广泛应用于心理治疗中。1977 年美国的人工智能专家 Rumelhart 对图式理论进行了补充，Rumelhart 认为图式是表征存储在记忆中的一般概念的资料结构。也就是说，图式就相当于存在人脑中的经过抽象化和概念化的背景知识结构，是一种储存信息的单位。图式相当于一个完整的系统，相当于一个人的认知之和。

（二）图式激活理论概念

1. 图式的三种类型

一个人的头脑中可以存在多种不同的图式，大体可以分为三类：形式图式、内容图式和语言图式。形式图式指的人们日常生活的情景，且不涉及专业知识。简而言之，形式图式就是有关文章不同题材类型的相关图式。例如，当人的大脑接收到一则新闻时，就会形成这样的图式：新闻开头是对主要内容的简单阐述，接下来就是详细的新闻内容。形式图式能够使人脑对语篇组织进行提前推理和预测，更方便大脑的理解和记忆。内容图式和文章内容有关，也就是文章背景相关知识，包括文化背景知识、熟悉信息、关联信息和相关经验等，因此内容图式能够帮助消除歧义，排除错误选项。语言图式是存在于头脑中的语言相关知识，包括语法知识、词汇知识等。

2. 图式在语言中的应用

图式激活理论认为，人脑对于刚输入的新信息都会在原有的信息图式基础上进行处理和编码，存在于大脑中已有的图式信息被激活，人们对于语言的理解可以加快。因此，图式对于语言理解和信息输入十分关键。

3. 图式策略

图式激活理论认为，听力输入的过程中有两种信息处理方式，一种是自下而上，另一种是自上而下。自下而上的处理模式与听者的语言结构有关，大脑中已有的语言知识图式起到了关键的理解作用，也及时从最基础的词汇、短语开始理解，从下往上理解句子、段落的含义。此时听力信息输入就是一个解码的过程，也就是听者在理解的过程中将听力材料中的声音、文字进行结合，根据已有的图式，将听取的信息表述出一个语义编码进行解译。由上到下的模式则需根据已有知识理解听到的信息，不必了解全部的内容，而是选择关键的信息进行判断。在该模式中，听力的主体不是听力材料，而是材料的背景意义，该模式其实关注的是背景意义的构造，而不是单纯的信息解码。

二、高职学生英语听力焦虑情绪的产生

（一）焦虑情绪的产生

1. 焦虑情绪定义

焦虑是一种以情绪性异常为主的神经症反应，属于正常的适应行为。焦虑是对将面临的危险、威胁无能为力、苦恼的一种情绪状态。适当焦虑能够成为动力，推进注意力集中，有助于现状的改善和解决。但是过度的焦虑会导致人心理上的自卑，给人们的正常生活和学习造成影响。

2. 英语听力理解产生的焦虑情绪

听力的过程并不是简单的语言信息解码过程，实际上是一种解码和再构建的过程。在获取听力信息的过程中，需要集中注意力，但是由于听力材料的未知性，许多学生在英语听力时会产生一种还没听就害怕听不懂的心理压力。整体非常被动，并且在听的过程中情绪紧张，甚至是焦虑。这种焦虑情绪的产生会使学生在听力过程中注意力更加难以集中，使学生的认知、判断和预测等产生障碍。导致在正常状态下听得懂的信息也听不懂了。

3. 听力焦虑产生的原因

导致学生英语听力困难，引发听力焦虑的原因众多。例如，听者的词汇量有限，听者难以从信息中有效识别关键词，听者不能或难以重复听到的内容，听者缺少听力内容的语境知识，听者难以有效集中注意力，听者执着于听清每一个单词而忽略了整体语句意义。总地来说，造成学生听力焦虑的因素大体可分为主观原因和客观原因。主观原因包括学生的词汇量缺乏、文化背景知识不足、听力训练少、发音不准、信心不足等；客观原因包括听力材料语速问题、词汇超纲、语言背景和汉语差异较大等。种种原因导致学生听力能力不见提高，对自己的学习能力产生怀疑，引发心理焦虑。

（二）传统听力教学的局限性

1. 传统听力教学模式

当前高职英语听力教学基本沿用传统教学模式，教师播放听力录音，学生则集中精力注意听。听力训练仅是几段短小的听力对话、几篇短文，然后选择正确答案，最后教师再给出正确答案。这种课堂听力训练实际上是将听力课变成了和考试一样的听力测试，而没有达到提高和培养的目的。实际上，听力测试已经成为听力教学的主要手段之一。

2. 听力教学目的错位

听力教学目的发生错位，会加重学生的心理焦虑、影响听力教学效果。英语听力教学的主要目的是提高学生的听力技能、口语技能以及理解技能。现有的听力教学只能提高学生的英语听力测试水平。在听力教学中，教师的作用是提高学生的听力能力。在此方面，教师能够通过图式激活理论来帮助学生激活相关的英语知识图式，缓解学生的听力焦虑。

三、图式激活理论对听力焦虑缓解的应用

（一）英语文化背景知识介绍

1. 文化背景介绍的重要性

语言是文化的重要载体，学习一种新的语言，只学会语法、词汇、语音是远远不够的，至少应该了解该国家的文化背景知识，包括文学、艺术、科技、历史以及生活方式和习俗等。只有将语句和文化背景相结合才能高效地理解，如果缺少必要的文化背景知识，学生听力只能处于被动状态，不能将输入信息和已有信息结合起来，理解起来困难。因此在英语课堂上，教师应当适当地给学生介绍一些有关的英语文化背景知识，让学生在听力训练过程中能够构建一个完整的语言背景。

2. 文化背景构建图式

在日常的英语听力练习过程中，在进行英语听力之前，教师向学生介绍语言文化背景，同时要求学生在课外自主学习和了解英语文化，扩充知识面，有利于学生在语言背景方面进行积累，在大脑中构建相应的图式。在听力过程中，能够将听见的信息有效地联系起相关图式，而不是束手无策，极大地缓解学生的听力紧张和焦虑。

(二)激活学生已有的听力图式

1. 英语关键词激活

英语关键词激活属于英语听力的准备阶段,在该阶段,只听到材料的内容是不够的,教师应该帮助学生找出听力的目的,引出相关的背景知识,为下一步的内容理解做基础,减少听力的负担。因此在该阶段必须把重点放在激活学生的听力图式上,学生若在该阶段便能激活较多的图式,理解起来就会更容易也会更主动。教师可以从听力材料中选择一些词提供给学生,不一定是生词,而是和文章紧密相连的关键词。学生若是能把握好这些关键词便能够有效地激活图式,并且对听力内容进行预测。教师不仅仅要解释词语的意思,还要联系相关的文化和内涵,向同学们介绍词语的相关文化背景知识,学生在听力理解之前充分发挥想象,关注要听的内容,即使听到不连贯的关键词,也能正确理解听力材料的内容。

2. 小组讨论"补充"图式

教师可以对听力材料中可能出现的主题进行小组讨论,激发学生学习兴趣,同时也是有效激活学生图式的手段。小组内相互交换意见并开展讨论,通过讨论激活已有的图式,并且还能相互补充缺少的图式。对于学生不了解的新主题,教师要直接介绍背景知识,帮助学生建立新的图式,以便学生能够更好地理解听力材料,提升学生的听力学习兴趣。

(三)听力内容合理预测

1. 激活图式,合理预测

英语听力理解是一种复杂的认知活动,学生在听力的过程中需要时时刻刻对听到的内容进行"推理"和"预测"。预测就是根据上下文,根据听力内容对背景进行提前了解,考虑英语听力中讲话人的语气,就可以根据上半句对下半句进行预测。因此教师要对学生进行引导,让学生根据已有的内容对大脑的相关图式进行激活,进而正确推测听力内容。

2. 预测在听力中的重要性

图式作为有关某一事物具体构成的心理框架,为人们理解不熟悉的内容提供了一种正向的状态,使人们对于该事物的发展、阶段、语言材料相关的内容打好基础,做好预期。在听力活动中,预测起了关键的作用,通过预测,能够有效激活脑中已存在的图式内容,也就是将图式经验和该听力主题相关的知识相结合,在脑中调集起来。科学实验显示,人在听力的过程当中,并不只是单纯地接收信息,而是在接收信息的同时,对听到的内容进行预测,同时修正自己的预测。

（四）听力巩固新建图式

1. 情景再现法

在英语听力中，教师让学生在听完材料之后，对于有着明显故事情节的听力材料，要求学生通过讲故事的方式将英语材料内容复述出来。对于新闻事件的听力材料，教师可以要求学生对听力材料中的观点进行简单的概括，并且提出对该事件的看法。对于日常对话性的听力材料，教师可以让学生去扮演对话中的人物，通过情景再现的形式，让学生能够深入地理解对话的内容，提高学生的学习兴趣。

2. 口语锻炼法

情景再现法不仅加深了学生对英语听力材料的理解，还锻炼了学生的口语表达能力。口语和听力是相辅相成的，口语能力的提高，也会促使听力技能的提高。为了鼓励学生锻炼口语，教师可以鼓励学生在课堂之外，多听、多读有关英语国家的文化背景、历史的文章，积累广泛的英语知识，还可以通过看美剧、英剧的方式学习剧中人物的英语语调和日常对话，提高自己的口语水平、构建完整的图式。

在高职院校中，受教学质量、生源质量等因素的影响，英语听力教学质量不容乐观，但是英语听力往往在英语能力测试和生活应用中都占据十分重要的地位。在英语听力的教学过程中，应该将学生看作具有主动性的学习主体。图式的定义为人们头脑中已经获得的背景知识，通过多元化途径和形式激发学生原有的图式，为听力理解打好基础，提高学生的听力能力，缓解学生的听力焦虑。图式激活理论对于缓解学生听力焦虑有着显著作用，值得深入探讨和应用。

第四节 "双创"高职商务英语产学合作协同育人

2018 年，我国外贸进出口总值 30.51 万亿元人民币，相较于 2017 年增长 9.7%；2019 年我国外贸进出口总值 31.54 万亿元人民币，相较于 2018 年增长 3.4%。依据这组数据发现，我国的外贸行业一直处在飞速发展的状态，在这种状态下我国对于商务英语人才的需求也在不断地扩大。我国每年都会有大批商务英语专业的毕业生走进社会，但是，这并不代表每一个走入社会的毕业生都能胜任外贸工作，人才的培养应该重视质而不是量。因此，我们应当积极探究在"双创"时代高职商务英语产学合作协同育人的教学机制，提高商务英语教学水平，培养高素质的商务英语人才，更好地服务于我国飞速发展的对外贸易经济。

一、"双创"时代高职商务英语产学合作协同育人现状

商务英语作为一个复合型学科，其教学课程大体可以分为两类，一类是商务课程，另一类是英语课程，商务为主，英语为辅，两相结合构成商务英语专业的全部内容。我国现阶段一些高职商务英语专业课程设置与社会发展对接不紧密，英语语言知识和商务知识的衔接不够充分，两大类课程的知识难以相融合。商务英语的专业性不够凸显，许多学生更是在同时学习英语和经济两门独立学科。同时，学校教学更偏重理论，与外贸企业的实际工作情况对接不够，学生往往很难将所学课程运用于实际的外贸业务和工作之中。在我国外贸行业飞速发展的新时代背景之下，商务英语作为一门新兴的学科，在高职院校中的教学情况和教学成果与我国现阶段对商务英语专业人才的高要求并不十分相适应。

二、运用产学合作协同育人教学机制的必要性

（一）深化商务英语专业知识实践认识需要

现阶段高职商务英语专业的教学还存在与实际外贸业务断层的局面，许多学生对商务英语的理论知识烂熟于心，却不知如何将其运用于实际的外贸工作之中。商务英语专业的学生将理论转化为实践的能力不足，导致他们在外贸工作中，往往空有满腹知识却有心无力。这与其在校期间实践不足、缺少与外企的实际接触有关。因此，只有积极运用产学合作协同育人的机制，有效加强学校和企业的联系，不断增加学生的实践经验，才能改善这样的局面，提高学生将理论运用到实际工作之中的能力，让学生走出校园，适应外贸工作。

（二）改善高职商务英语专业知识难以相融合的问题

现阶段，我国高职商务英语专业教学还存在课程设置不科学、知识不够融合的问题。英语作为该专业学生未来工作最重要的工具，在高职商务英语专业教学的课程中占比较大。但从科学的角度来说，商务英语专业应以商务课程为主，英语课程为辅。课程设置使学生在校所学知识并不能应对在对外贸易时出现的难题，再加上学生并不能结合运用两大类课程，商务英语专业毕业生无法应对实际困难的窘境越发明显。但如果能够在高职商务英语专业教学中运用产学合作协同育人的机制，学生就能在外企之中通过直面外贸工作、在外贸岗位第一线实战的方式，积累解决问题的实际经验。届时，学生就可以通过借助丰富的实际经验对商务英语专业的两大类课程知识进行深度融合并合理运用，帮助他们解决在校学习所得与实际情况不对口的问题，提高应对实际难题的能力。

（三）专业和对口工作的实际需求

对外贸易行业的工作要求的不仅是对英语和商务知识的掌握，还要求学生具备一定的实际工作经验。运用产学合作协同育人机制可以加强学校与外贸企业之间的联系，增加在校学生直面外贸工作实际情况的机会，使学生不仅能学到相关知识，而且能积累相关的实际工作经验，通过实践深化学生对商务英语专业和外贸工作的认识，提高学生实际的工作能力，满足专业本身对实践的要求。帮助学生解决在走出"象牙塔"后遇到的难题，最大限度地消除理论和现实之间的障碍，尽快适应实际的外贸工作。

（四）提高高职商务英语专业教学水平的需要

在万众创新的时代大背景下，各行各业都迸发出了巨大的创新力量，外贸行业也是如此。创新意味着改变，在"双创"时代，许多外企、跨国公司在人员结构、业务分配等方面，迎合时代变化作出了一系列的创新和改变。但是与之相对应的却是，高职商务英语专业教学长期不变的教学方式和课程内容，造成了学生在校所学和实际运用之间的断层，增加了学生毕业后任职的难度。要想解决这样的困窘，不仅仅要增加学生的经验积累，而且要将学校和企业连接起来，使校方以最直观的角度看见自己的教学与企业实际业务之间的不同和差距，两相结合，才能不断提高我国高职商务英语专业的教学水平。因此，产学合作协同育人机制的运用势在必行，它能把学校和企业紧密地联系在一起，实现学校教学和时代发展同频共振的目标。

（五）便于企业直接招揽人才

现行的高职商务英语专业的人才招聘流程往往较为繁琐，多道程序消耗大量的时间、人力、物力和财力，如果能够运用产学合作协同育人机制，在企业和学校之间架起连接的桥梁，不仅可以让学生更加熟悉企业和工作业务，而且能让企业更加直观地了解学生的能力。企业在学生实践期间就可以考察学生能力，直接招揽人才，减少招聘成本。也能缩短毕业生的待业时间，开启一条招聘和就业的绿色通道，让更多商务英语专业的优秀人才早日走上岗位。

三、运用产学合作协同育人的教学机制存在的困难

（一）经费不足

许多高职院校每年能够得到的资金扶持是较少的，学校往往更愿意将这笔钱用在重点学科和学校硬件设施建设上，因而商务英语专业想要运行产学合作协同育人的机制，可能会存在经费得不到支撑的问题。运行该机制需要做企业和学校之间相互配合、建立

沟通渠道和核对参与机制的学生名单等大量事项的确定。在这个过程中耗费的资源缺少资金支持，导致了大范围推行该机制过程的停滞。

（二）难以达到运行标准

教育部对该机制有着极高的管理标准，一个项目从成功立项到最终的验收都有着严格的审核标准，高职院校的商务英语专业虽然属于新文科类专业，符合报批标准的种类限制，却在教学和后期的实践规划上存在些许短板，导致许多学校即使成功立项也难以为继。

（三）最终成绩的各项占比分配不够合理

运行产学合作协同育人机制后，学生必定要花费一定的时间在合作企业内进行工作，许多学校忽略了这一点，仍然粗暴地以考试成绩作为学生的最终成绩。这浪费了学生在一线工作岗位积累的经验资源，在成绩计算时没有获得与之相对应的回报，降低了学生参加该机制的积极性，增加了该机制运行的难度。

四、运用产学合作协同育人教学机制的具体措施

（一）合理使用学校经费

经费是运行产学合作协同育人机制的重点，许多学校因为经费对该机制只能望而却步。事实上，学校每年能够筹集到的经费如果能够合理安排、有所侧重，想要在高职商务英语教学之中运行产学合作协同育人机制也不是不可能的。想要运行该机制，学校就要有所侧重，将经费用在"刀刃"上，这样才能让产学合作协同育人机制在学校中真正落地生根。

（二）提高学校自身水平

教育部对于运行产学合作协同育人机制的学校的综合水平要求颇高，运行的整个过程，从立项到最终审查，都必须符合教育部发布的运行标准。如果学校自身综合水平不佳，就难以成功立项，更遑论后续对运行该机制收效的评估。因此，学校需要积极提升自身的综合实力水平，让产学合作协同育人机制发挥出应有的作用，取得令人满意的成果。

（三）合理分配成绩的各项占比

在高职商务英语专业运行产学合作协同育人机制能够为学生带来实践经验的积累，但同时也会占用学生的学习时间，假如学校对成绩的占比配置仍然墨守成规，单一地以考试成绩论英雄，难免会降低学生参加实践工作的积极性，不利于产学合作协同育人机制的长期运行和发展。因此，学校应当看到并重视这个问题，做到更科学地分配学生最终成绩的各项占比，让学生的付出得到应有的回报，能让更多的学生以积极的态度参与该机制，促进该机制获得良好的运行前景。

产学合作协同育人机制在高职商务英语专业中的运用有着诸多益处,虽然该机制运行时间较短,在运行过程中难免出现各种困难,但只要我们积极探索合理、科学的运行该机制的办法,不断迎难而上,从前文所提到的三种措施入手,为该机制的运行创造良好的环境,相信我们就能够通过运行该机制为高职商务英语专业的学生带来良好的教学,为社会输送更多商务英语专业人才,助力我国外贸行业发展。

第九章 现代高职英语教育展望

第一节 高职教育体系的完整发展

在 21 世纪，由于经济社会的变革、生产方式的调整、科学技术发展的日新月异，社会市场经济的蓬勃发展对实用型人才培养的迫切要求将日益减少社会上对高等院校教学的偏见，高等院校教学不但将得到相应的社会地位与认可，甚至将突破现有的办学阶段。高职教学也将驶入更大、更快发展的快车道。

一、高职教育与世界接轨

在新时期，我国高职教育将完善专业、硕士，乃至本科生等多元化的办学体制，并构建起我国高职教育的"立交桥"。高职是大学的一种重大类别，它应当和"以科研为目的"的一般高等学校同样存在于专业、硕士、本科生的各层次高等教育之中。在中国早已建立了这样的体制。美国普通学院的本科专业方向也分为工程技术类与技术型，前者以专业理论教学为主，而后者则以高等职业教学为主。由于我国许多专家都将高等职业技术教育的首要目标定为"技术型人才"。所以，根据我国各个职业岗位对技术型人才需求的水平，可在专业、本科、硕士等各个阶段进行培训。

高职教育的高移性，首先从联合国国际教科文组织所制定的《国际教育标准分类（新版）》中可得到权威界定，这将对中国高职教育冲破目前单纯的专业教育办学阶段有着巨大的推动和借鉴价值。将原有第五阶段的教育类别（不授文凭的高校专业阶段）调整为涵盖高等学校专业、硕士和全部除硕士毕业生之外的硕士项目内容的"高等教育第一阶段"，并从类别上再划分为 A、B 两种。A 类为普通高等学校，B 类为高等职业科学技术教育。中国高等职业学校显然应归入新规范的第五级 B 类高等教育。根据此新规范，高等职业科学技术教育已经冲破了原有本科阶段的束缚，可以从大学本科至硕士阶段。

另外，由于中国高职教育的发展需要同国外衔接，因此在职业技术教育发展得早且比较成熟的国家中，也形成了专、本科相互兼容的职业教育比较完善的系统。中国职业技术高等教育整体的发展趋势朝着高度综合化方向发展，以满足中国科学技术的日益发达和社会转型的新需求。因此中国高职学校应该主动借鉴世界各国高职发展的经验与管理模式，并顺应新时代的发展趋势，提升办学档次，以形成全新的、与世界接轨的中国高职教育教学体制。

二、办学层次提高是我国经济发展的需要

高职教学单纯的教育专业人员的办学体制，使高职教学难以获得相应的社会地位，给中国高职的发展造成了许多问题，也无法适应当前快速发展的社会市场经济下对实用人才培养的新需求。所以，对高职专业办学档次的提升不但势在必行，而且指日可待。高职教育的大力发展，也受到了国家的支持。另外，人才需求也是发展的重要动力。现代社会分工越来越细致，对人力资源的要求又是越来越多种类的。为了面对世界经济一体化和知识经济发展的新挑战，中国工业化水平将提高，产品科技含量也将逐步扩大，随之而来的就是对工业生产与管理一线的专门人才（特别是高新技术产业及第三产业的人才）的文化、专业知识素养的需求也会随之增加。高级职业学校教育要求培养更高素质的应用型人才。例如，当前高新科技产业的航空航天、半导体集成电路都面临着对大学本科教育层面上的技能型人才培养的要求。所以，内核的人才培养规格上移的发展趋势也是必然的。联邦德国的高等专科，学制为四年，等同于德意志国内本科生，主要培训现场工程师；而美国的高等职业技术培训，也从专业演变到有专业也有硕士。此外，中国台湾地区的高等职业技术教育还建立了专科、硕士、研究生制度。国家开展本科职业技术教育的主要目的，也是为满足目前与将来国家建设和经济社会发展的需要。

总之，中国高等职业教育起步较晚，但时间给予它绝佳的发展机会。随着教育改革与发展的深化，高职教学体系将逐步走向内容结构合理、学制完善、系统齐全。高职教学的"立交桥"将构架完成，并必将为培育社会主义现代化建设所亟须的第一线应用型科技与管理人才做出更大努力。

三、高职办学层次的提升与英语教学

不久的将来，随着中国高职教育办学水平档次的提高和办学体制的逐步完善，中国高职本科阶段的英语教学将在全国高职学校发展。这一转变也将为中国高职英语教学发展提供全新的动力与机会。同时，它将给高职教学提出前所未有的挑战。高职学校应未雨绸缪，就高职学校怎么发展英语教学加以深入研究与探索，从而集思广益、群策群力，

为高职学校英语教学面对更大的挑战做好准备。

高级职业技术教育主要是培育面向企业工作和业务第一线的先进科学技术和现代管理工作技能的应用型人才。高职教育既包括以能力为本的教育，也是为学员走向现实社会和在未来市场就业或创新做预备的教育。因此高职教师英语教学成为高职教育中非常关键的组成部分，必须遵循服务于高职教师整体的培养目标。由于目前的高等职业技术教学还仅是专业阶段，因此国内外教育界已将高等职业院校与高等专科学校英文都作为一种，亦即专业阶段的英语，并对高等职业院校与高等专科学校英文都是一个单独的、与本科生种类完全截然不同的教学达成了共识。通用高等专科英语教学指导委员会，按照专业的培养目标将通用高职高专专科英语划分为专业应用英语分支下，介于专业英语与职业英语中间的业务应用英语，在国家的宏观指导下提出了《基本要求》，突出"实用为主"，着力于培养实际运用能力。在重视语言共核课程教学的同时，也注重对一般口语交流与涉外商务运用能力的训练，改革了以往重基础轻应用、先基础后应用的传统教学模式，建立了以英语实际运用能力为基础的实用英语课程教学方法。高职高专专科英语的划分与《基本要求》的提出是有其科学的思想基础的，它是适应当前对专业教育人才培养的基本要求和专业学制、生源结构及其社会需求的实际状况的。

对高职专业英语来讲，这个定义对《基本要求》的出台意义很大。由于突出"实用为主"，着力培养语言运用能力，因此高职英语专业教学开始有了自身的特点，有了一个统一的语言要求标准来规范课堂教学。它对于今后的高职与本科英语教学，仍有着重要的借鉴意义与现实价值。随着职高教育工作的开展，职高教育培养的规格也会上移至硕士或者研究生阶段。但这样的层次，仍然要保持实用型的特点而非专业型。高职英语突出"实用为主"，也就应该是贯彻高等院校专、本科阶段的英语教学的一条主线。首先，这也就是不管在什么阶段的英语教学原则上，都应该服务于高等院校教学培养应用型人员的总体目标。在高等技术职业学院本、专科英语教学过程中都应该重视对英语使用综合能力的训练。其次，这也是与中国整个外文教学改革、蓬勃发展的大方向相符的。外语教学的研究与发展，已经让人们意识到了过去在外语教育培训中对学习者运用能力的忽略所带来的恶果。而外语教学重认知轻表现、重认识轻使用的情况也需要进一步改善。此外，从社会语言学的视角出发，由于语言是人类与社会之间交流的主要工具，实用性强是最基础的特点，因此其他层次的语言教学也不应该偏离语言这一基础属性。而随着高职教育办学层次的增加，高职教学人才规格往上移、学制也变长，以及生源条件和社会要求都变化之后，原颁发的《高职高专教育英语课程教学基础规定》在对普通高校英语教学时，显然是必须调整的。"实用为主"的教学指导思想，在高职院校本、专科英语中教学都应该毫不动摇地贯彻，而照搬一般的高等教育院校专业型本科英语专业教学模式于高职院校本科英语中和绝对准确地落实《高职高专英语教育基础标准》都是不可取的。所以，高职学院及有关老师需要就怎样将专业类高校英语专业与高职英语专业特点恰当地融合、交汇这一方面展开广泛的研讨。问题的另一方面涉及高职专业英语所强调的"够用为度"问题。"够用为度"即专科英语教学中基本理论课程的够用为度，目标并不在于去全面了解英语语言的基本架构以及整个系统，而在于将其运用于实际之中，就实现了这么一项有限的目标。这样的目标对层次提升的高职英语教师仍具有积极的指导意义。不过，专科阶段的"够用"和本科层次上的"够用"，显然又是不同的。过去人们用本科教育的要求来规定专科教育，人们觉得是不合适的；相反，将专科教育的规定完全照搬于高职或本科教育，同样也是不恰当的。高职本科英语专业在"够用为度"的调整方面，要达到"够用"度，除在课程中重点突出语言实用性，注重以学生练习为主，并在训练学生语言运用才能等方面下工夫之外，为了学生能练习与练得好，在课程中还应适当加强语言基础方面的理论课程。但也不能喧宾夺主、矫枉过正，因为高等院校英语专业的教学工作始终应当以提高学生实践应用英文才能为主要教学目标来开展。怎样使高职本科英语从专业英语和普通本科英语中寻找自身的市场定位，并发挥自身的特点将是一个重要的课题。

除了对高职英语能力的定义及其要求进行调整之外，高职院校内部还存在着一些有待解决的提问，比如语言教学问题。教科书中反映了相应的目标，是反映目标的具体措施，更是高职英语教改的重要手段。当高校教育办学水平增加时，也存在着多种选择：按照已有的本科教学目标进行高职本科教学：先用专业课本，再用本科生，二者结合兼收。并自编了高职本科生的英文课本。此种方法都存在着明显的缺点。生搬或变通的方法，都有不适应或不能充分适应高职对本科生英语教学的要求之处，因此更不宜作为高职教学新的培养规格与目标。因此笔者建议重新编写更富有高职特点的本科生英语教材。理论的引导基础也应该先行，如高职英语专业的定义和课程标准问题就应该先行解答。此外，编写大学教材也是一项庞大的系统工程。即便有了完善的编制理论依据、原则和指导思想，在短期内编写出具备中高职特点的优质课程也并非易事，在编写成功后也需要经过一个试验、调整与完善的过程。同时，相关课程如听说、单词及语法练习册、读写训练也要陆续编出。对于做好高职英语教学，这方面工作是十分必要的，但必须尽早开展有关调研与准备。

高职本科生英语专业在高职学校发展后，还存在着高职本科生英语专业质量评估的问题，即是否有必要形成不同于专业类学校的高职本科生英语专业教学评估制度。测验也是对教学成果加以检测的必要手段。目前，主要用来检测学科类专业大学本科学生公共英语教学能力最高水平的考试，是英语四、六级考试。用于测试高职高专英语教学水平的测试为大学英语专业实际水平测试，分 A 级和 B 级。这种语言考试制度的实施给高校英语课堂导入了目标管理的新机制，也促进了中国英语教学变革，使学校本、专业教育更加标准化。它不但推动了中国高校英语专业教学质量的提升，还在社会上产生了广泛的影响。所以，类似于大学英语四、六级的考试，不管对于中国高校英语教学的发展或是对于中国学生整体水平的提高等方面，都有着积极的意义。考虑到大学英语四级考试的社会知名度以及高职学生日后的就业问题，新升级后的高职学校似乎需要将大学英语四级考试当成对高职本科学生英语教学水平的检验。这很可能是当前高职学校教师的心声，也是升格后高职学校目前最可能的情况。但从长期而言，这个问题仍有待商榷。中国大学的英语四级考试也属于一般英语类考试，主要用来评价在学术类专业或本科阶段公共英语的教育水平和测试学习者的一般语言能力，如说、听、译和写作的基本能力。高等学校总体设计目标和专业型高校的总体设计目标是不一致的，它培育的是综合应用型人才，而非专业型人才。高职英语专业教学注重"实用为主"，并着力提高语言运用能力，有其自身的特点。把大专英语四级考试这种语言技能考核方式当作衡量毕业生能否取得高职英语教学基本能力的指标，把其结果当作检验和评价教学方法、质量的重要准则，以及将其反馈作用视为对高职本科英语课堂提升教学水准、推进语言改革的依据在思想上和实际中能否可行，都是有待思考与研究的。

第二节　高职英语教育对教师的要求

一、高职英语教师的任务

社会上对实用型的人才的需求量越来越大，教育需求也越来越高。因此高职学校所培训的实用型人员，除了掌握必要的学科基础理论和较好的实际操作能力以外，还必须具备比较熟练的语言应用能力。高职毕业生对整体素养的培养，尤其是语言能力和文化素质的培养更加关键。所以，培育新时期社会所要求的具备较高的英语运用能力的优秀的应用型人才，是新时代所赋予高职英语教育的重要使命。

高职英语老师的任务光荣而艰辛。英文课堂教学不仅要给学习者灌输英文的基本知识（话语、句法、单词），练习基本功（听、说、读、写），更要培养其运用英语开展交流的才能。高职英语教师首先要把高职英语教学当作一门高等教育工作事业来看待，仔细了解和落实《高职高专教育英语课程教学基本要求》（下面简称《基本要求》）。把《基本要求》明确的课程指导思想、教学原则和课程重点，集中体现在日常教学中。使用合理的教学方法，如预备、学习、指导、测验、指导课外活动，以突出学生实践能力的训练，并不断提升英语教学水平，使教学达到《基本要求》的目的。

高职英语老师和其他专业的老师一样，还承担着发展学习者光荣的使命。即在知识、语言技能等课程的理论基石上，开发培养学生的认知才能、逻辑思维、想像能力和实际技能，特别是创造性思维能力。因此英语教学是一个普通而高效的发展智力的活动，老师要教授知识、回答学习者读书中的问题，要启迪学生的智力，使学习者逐渐形成自身的知识结构和语言技能技巧。同时老师还应重视训练学习者的仿效力、记忆力、思考力、分析才能，开拓、活泼学习者的思维思路，让学生反应更加灵敏，具有想象力与创造性。英语课堂教学的目的不仅要让他们掌握专业知识与能力，还要训练他们懂得怎样学习语言的能力，并训练他们通过观察、认识、判断、分析、解决语言问题的能力与学习策略。为学生日后的发展、终身教育打下基础。也因此，现代高职对英语老师的角色也要加以调整，教师要由最初的领导者、控股股东、老师变成诊断人员、训练人员、指导教师、协调者、语言学习者、研究员。

高职英语老师还负有树人育才，培养品德的职能。老师要教导他们喜爱党、爱国主义、敬业热爱工作，培育他们勤奋好学，健康向上的品德，增强他们对不良现象的免疫能力，促使学生树立端正的世界观、人生观、价值观念，将学生培养成有思想、有品德、有文化、懂英文的高素质人才。

二、高职英语教师基本素质和新要求

高职英语老师要具备较高的思想政治素质和学科素质，品德高尚，具有强烈的事业心和使命感。老师的道德言行、为人处世的方法对学生有着耳濡目染、潜移默化的影响，在性格、人生态度等方面都将成为他们学习和效法的楷模。高职老师要热爱高职教学，敬业、乐业；要鞠躬尽瘁，甘当人梯，严以律己，为人师表。对待学生严格限制、热情关心、重视个性、理解关心、热爱有加、谆谆教导；对同伴要精诚合作、协同施教。

高职老师要学识渊博，学术造诣高。英语老师应具有较扎实的学科基础知识，丰厚而渊博的英文知识，英文功底坚实，基本技能熟练。在此基础上还应钻研语句学、语汇学、语意学、英语语言学、人文学、文体学、语言测试学、语用学等专业基础理论，并具备较强的学科理论能力和合理的知识结构。

英语教学也和心理学、教育学有关。具备必要的教育学、心理学基础知识，是高职英语专业教育的基础条件。在此基础上能够认识并把握高职院校英语教学基本规律，理解高职院校学生的生理特点，把握高职院校英语专业特点与学生的学习战略；也能够利用教育心理学、心理语言学、认知语言学等理论知识来训练、教授我们的学生。

高职英语老师还应钻研运用语言学的基础理论，以及中外教学法。了解英语教学理论的发展趋势及当代最主要的教学方式流派。近20年间，由于教育学、心理学以及现代语言学研究成果的深化与发展，英语课堂教研工作步入了一个崭新的发展阶段。全新的教育理论、教师思维方法和教学模式不断涌现。教师要紧随时代前进的脚步，密切注意和掌握国外教育科研的新方向和发展动向，全面掌握和汲取最新的教育理论与成果，并根据高职英语课堂特色与实践，积极开展对高职专业英语课堂的改造与革新，从而提高英语教学效果。

高职英语老师还必须培养和完善科研能力。但目前，相对而言，这仍是高职英语专业师资相对薄弱的方面。因此高职英语老师在培养自身语言能力和教育才能的同时，还要进一步地完善自身，逐渐学会以科研、教学的方式，掌握编写教材等方面的理论和撰写论文的能力。高职英语老师对高职英语教育改革的实际情况加以深入的调研，积累了素材和经验，并善于在实际教学中发现新的研究问题，重视对统计结果的搜集与分析，并进行研究实验，以逐步培养自身的语言科学素养。与高职专业英语课堂也要加强联系、沟通，以培养良好的科研气氛，努力争取并培养出一大批高等职业院校语言课程领域的专家学者和名师。

高职外语教育工作也应该朝着"双师型"的走向蓬勃发展。由于高等院校教育工作的目标和教学工作是根据培育实用型人员来开展的，高等院校专业老师应该是"双师型教师"。尽管这一特点首先是面向英语专业师资，但是由于外语老师身在高职学校中，也承担着培育企业一线需要的实用型人员的重要任务。例如，由于高等院校英语专业《基本要求》的规定将基本英语专业知识与实践业务应用能力的训练一体化，所以，英语老师除了要掌握基本的文化素养、文化教育理论知识和科学研究知识之外，还应该努力去掌握、熟悉有关专业的实践业务知识。不论是在学校教育工作上还是科研领域，都应该与高校新设立的学科紧密地结合。要拓宽学生眼界，积极主动地熟悉学科，掌握有关概念和专业知识，学生至少要对一个学科有较深刻的认识，使自己的课程与该学科能紧密地结合在一起，从而做到一专多能，更有效地落实《基本要求》。对高职学校也同样需要大力支持，让老师通过各种能力考核、职业培训、半脱产学习、深造等方式，推进从英语老师向双师型教师转变的步伐。

高职英语老师还应具有熟练地运用现代化技术的素质。高职英语老师身处信息高速发展的时代，教育技术手段也越来越现代化，高职的英语老师经过培训后，自己学习设计为特殊目的提供业务的 CAI 的课程、录像，还拥有了自已的教学网站，并利用互联网开展课程教学（包含网上答疑、在线批改作业、在线授课等）。时间在前进，科学在蓬勃发展，高等院校英语专业老师也应该奋发努力，迎面追赶，否则，将被滚滚向前蓬勃发展的时间风潮所淹没。综上所述，随着我国高等职业英语教学变革的深化，英语教育将面临前所未有的蓬勃发展的机遇。老师将不单纯是中国传统意思的"传道授业解惑者"，更将成为教学的训练者、协调者、新话语的学人与研究人、现代教育技术手段的运用者和推动者。

第三节 高职英语教学手段和设备的现代化

一、我国高职英语教学手段和设备现状

由于在高职英语课程教学中长期应用了大量传统的现代教育技术手段与设施，如黑板、粉笔、图片等，因此近年来，更多的现代化科学技术步入了高职学校。目前高职英语课程教学所使用的现代科学技术，一般有幻灯、影视、录制、播音、有线电视机、摄录机、语言实验室、多媒体技术和互联网。目前，在高职学校英语课程中传统和现代的教育技术手段相互共存，在优良教育环境方面也互为弥补。但总体而言，高职专科学校的英语教学技术手段、设施仍然落后陈旧，教育现代化管理水平较差，且学校间装备标准不一，质量差距很大，这也在一定程度上影响了高职学校英语课程的改革与教学质量的提升。随着当前社会经济的进步，以及国家对高职教育发展的支持，高职学校将会主动开发更先进的教育设备及教学资源，把现代电子技术更广泛地运用到高职英语的教学中。因此我们有理由坚信在新时期，现代多媒体技术、计算机及网络教育必将帮助高职英语课堂创新发展，而高职英语课堂的现代化的春天也即将来临。

二、多媒体、网络在高职英语教学中的应用

互联网技术正以一个令人惊叹的迅猛程度往前蓬勃发展。随着数字多媒体设备的广泛应用和互联网的迅速增长，传播已渗透在人们生活的方方面面，并带来了整个经济社会制造、生活方式，以及人们思考方法上的重大变化。互联网为人们生活提供了极大的

便利与效率，人民对互联网越来越信赖。互联网社区——与现实社会相对的人民的第二个生存空间已开始建立，网络时代已然来临。多媒体电脑的广泛应用与互联网发展不仅将从根本上完全影响人民当前的学习生活与工作，而且必将对高级职业外语教学产生重要的深远影响。

现在，人们已经开始意识到要培养学习者群体应用英语的实践能力，就必须把教、学、生活情境三者有机地融合在一起。三者缺一不足，互相弥补，相得益彰。在英语课课堂教学中，除发挥老师的作用之外，还必须注意学习者群体的心灵活动和个人心理因素在语言教学中的影响。由于学习者群体的英语教学过程不仅是被动地汲取语言知识的过程，而且是一种主动的人际交往过程。另外，为了为学习者群体创造更多、更现实的话语情境，以多媒体技术和互联网为表现的计算机科学的发展将使创造现实话语情境的想法能够成为现实。而多媒体计算机成为最主要的语言教育辅助手段，将极大地提升教室里的语言环境。互联网信息技术将给学习者提供完善的课堂外语言环境。一种生动的、多变化的、较为自由的语言环境，对于学生而言已不再单纯是一种幻想。而且，通过多媒体技术和互联网可以将教学的自主性交还给学生，使他们变成了学习的主体。因此随着现代英语教学观念的转变，乃至教学方式的变革，将多媒体技术、互联网为典型的现代教育技术手段导入高职专业英语课堂已势在必行。

高职英语注重技能为基础，突出实用性。课堂教学讲究精讲多练，提高学生自学水平和创造性。安晓灿曾总结出专科英语课堂应该避免的一些问题，也是高职英语课堂的不利因素。运用现代教学技术手段和教育技术手段为改变高职英语课堂状况、提升高职英语课堂管理水平提供了有力工具，并在落实《基本要求》方面达到良好的效果。多媒体教学网络的应用首先有助于优化高职英语课堂环境。高职学校处在人为的教学环境中，无法体验和参加真正的语言教学活动。无论课堂上还是课后，运用英语的机会都不多。周围缺乏运用语言的环境——这对于学生学英语显然是一个不好的条件。利用现代化教育技术手段克服这一缺陷，为学习者提供一种更加自然真实的语言情境，进行真实语言交流并使学习者积极参与，将有利于开发学习者的语言才能和人际交往能力。

有利于个性化教育。因为高职学生的入学水平参差不齐，加上学生的学习风格和思考方法不同，给教学造成了相当的难度。而根据这种状况，目前许多老师讲课的内容、时间、方式都只是按照学生群体的基本水平安排进行，因此很难将优生和差生的特殊要求都考虑进去。这在传授内容与学习者群体认知上，势必产生巨大差别。如果老师忽视了学生的差异，对所有的学习者一种规范、一个模式，就很难达到因材施教的教学原则。这不仅限制了学生的智慧发展，同时又让后进生觉得学业吃力，很难实现教育目标，必须做到二者的相辅相成。长此以往，在课堂教学中一些学生因掌握的内容太难而会紧张，或因过简单而觉得乏味，从而产生了优生变差、差生更差的局势，课堂教学也无法全面满足对高职英语教师的要求。多媒体教学系统很好地克服了目前学校课程中的这一缺点，根据学生不同的学业水平与要求，教师可以选择不同的课程范围、不同的学习内容，让学生能够按需而学，有助于提升学习成绩与管理水平，也有助于发展优生的学业能力。英语教学更加紧密地结合了每个学习者的实际情况，扬其长避其短，让学习者真正地变成教育的市场主体和学习中的主人。

充分调动学习者群体的积极性，提高效率与教学。高职学生从总体上来讲，学习积极性亟待提升，但怎样调动学生对英语学习的积极性却一直是高职学校英语教师颇感棘手的问题。多媒体教学系统集图、文、音、像为一身，学习材料内容多姿多彩、引人入胜，教学方法也灵活多样。教学中，对学生的全部感觉进行练习，但不能单用听、视、触、动中的一个或几个感觉。而在真实的口语教学中，学生必须做到目到、耳到、口到、手到、心到。这是一个立体化的教学，如果学生认识深入，注意力容易聚集或分散。记忆力就能发挥，想象力、思考等智慧教学活动的效果就会大大提高。智力活动的活跃，反过去也带动了兴趣爱好、情感、学习动机等潜能的提高，这对于调动高职学生兴趣爱好，改善目前存在的学生复习积极度低、自觉性不够的局面有着重要意义，而教学工作也会因此事半功倍。加之声光教学活动速度加快，在采用了声光媒介之后教学活动的节拍必将加大，声音操练密度、广度，特别是口头操练密度、广度也必将增加。高职教育中可减少课堂时间，因其学制短所带来的英语课学时减少的问题将得到减轻。另外，可增加英语课的实用性。高职培训的主要是技能型、应用型人才，注重学以致用，突出专业技能锻炼。而多媒体教学系统可使学习者运用语言的时间大大增加，语言技能充分发挥，使高职英语以注重语言应用能力为基础的特点更为突出。

促进学生创造力的训练。首届中国高职高专、大学教师大会上已经确定了将创新素质的培育视为当前高职高专教育办学的指导思想和教学改革的重点。从英语课堂上来看，如果达到了这一要求，就需要对目前的外语教育从指导思想和方法上加以全面改革，从而走出一条以培养新能力和素养为宗旨的道路。英语教学也应该关注学习者对可持续发展的需求，尤其注重能力培养，学会学习的方式，如用独立拼写。学习做事的方式，如用英文交流。学习与共处的方式，如组织学习和联合表演。学习生活的方式，如自学。多媒体技术与网络课程，为培养学习者的创造力提供了一种"实践"的阵地。在此模式的教育中，重点是学习者对自身的学习生活负责，他们自己"下水游泳"，并学会了对自己的学业水平有正确的评估，对自己的知识特点有全面的认识，对学习的目标有清楚的了解。学习者可以自行去寻求处理学习中问题的办法。对这些所谓"自主性"课程的磨炼，并不仅指他们对整个教学过程的自学，更主要的是培养自我认知、自我训练、自我评估和自我管理。在教学实践中，学会管理方式，培育创业精神，促进素质教育，确保了高职学校始终可以在不断发展壮大以应对社会快速发展变革的未来，努力成为集生产、管理、施工、服务于一线的实用型人才培养。

第四节 高职英语教学模式、评估方法

一、高职英语岗位群化趋势

在可预料的未来，高等院校教学与高等院校英语专业的特点取决于高等院校英语专业将逐渐向专业岗位转化。高等院校教学的主要优势与特点就是其教学重点是以社会发展需要为中心，而将高等院校英语专业作为高等院校教育教学重点的主要内容，特别需要继续凸显这一特点。而高等院校英语专业强调的实用性，特别需要继续重视对使用者在将来适应工业生产、管理等一线部门的现实工作出现的不同局面需要的语言运用能力的训练。对使用者在将来实际工作中可能会涉及的商业和工作英文，也需要逐渐作为高等院校英语授课的主要内容。而高等院校英语专业实用应表现在它是高等院校语言学习者获取工作经验时独特的优点和前提，是学员顺利完成本职工作的重要保障。因此高等院校英语专业要切实实现学生"学之实用、学之能用"。所以，在今后的高职英语课堂中，语言课程与职位群之间的关联性也必将增强。而高等院校英文"职位化"或者说"职位化"的特点将更加凸显。同样，高等院校英语专业岗位化也更加凸显了高等院校英语专业"3S"的教学理念，是"以社会需求为中心"在教学方面必将会产生的表现与变化。

二、自主学习模式的发展和高级职务英语课堂

伴随中国高等院校英语专业"3S"课程的推进，"以学员为中心"的课堂教学观将越来越深入民心。课堂教学将不仅是学员传递、掌握语言知识的地方，更将是培养能力的一个双向的、交互的场地；而语言互动的核心目标将是交流能力和跨文化交流能力的培养。在信息化时代，语言教育技术与手段越来越广泛，而语言教育进入了多媒体的更新时期后，对学生这样的语言能力的训练与提高也将越来越多地借助于多媒体技术的应用与网上课程来进行。而传统的由老师说、对学生讲的教学模式也将逐步地被新型的语

言教学方法所代替。其中，学生自主学习中心模式也将会随之而来。在这个模型中，教师课堂将为自主学习中心所取代，而老师也将承担中心的课程，而这些课程也并非传统意义上的教师课程。学习者一人一台计算机，自主学习。而老师的主要功能则是询问、指导并且参加相应的社群交流活动（比如，探讨或是争辩），还有期中或期末的考试。而学习者透过电脑操作，就能够自由选择截然不同的内容、截然不同的学习，并控制学习的时间。

  自主学习是一门全新的教学方法，可在学校学习中开展，也可在专业的自主学习机构或其他场所中开展，但当今世界上的欧美大部分院校的方法都是通过设立专业的自主学习中心，给不同外语水平的学习者一个相对稳定的语言练习地点。近年来，全国的学校纷纷建立起英语方面的自主教学中心。在中心里有许许多多安排循序渐进的教学资源，包含图书、视频和光碟等；也有专门指导学习者怎样运用这些资源的指导系统，如能表明学习者所需要信息的标题、地点和不同语言级别的计算机项目；服务中心还可以采取供给附加教学作业、回答，以及一些辅助材料等方式协助使用者更高效地利用教学资源；同时服务中心还经常有值班老师为使用者进行各种指导。它集课堂和书库之优点于一身。使用者一方面能够尽享中心丰厚的教辅与学习材料，并得到中心教学的自动性；另一方面，中心也有老师有规划有组织的指导与支持。透过使用中心资源，使用者可以透过自己制定目标、掌握内容、评价练习时间与效果等技能的训练，学会独立的练习。自主学习方式集中体现了"3S"的"以学员为中心"的教育思想，一方面充分尊重学生学习风格，另一方面引导学习者逐步摆脱对老师的依赖性。其科学基石为认知心理学和人本主义心理学。认识心理学家指出，学习者的过程是一种主动的社会参与过程，即他们能够有选择性地吸取信息，并进行假设、对比与解释，从而重新建构信息的内涵并把新讯息融于已有的认识中，以供将来应用。语言学习者的任务是要充分为学习者创造机遇，对所有假说加以证实，利用自身现有的专业知识，大胆地运用英语加以沟通。人本主义心理学家更重视在中国成人语言教学过程中对自身价值观和情感影响的重要性。他主张，语言教育应该强调有意义的情感交流，更重视并关注于学习者，将语言学习视为完成自我的一个形式。在教育进行决策流程中给予学习者群体相应的权利，使老师站在推动者的立场上努力营造和维护一个良好的气氛。但同样，也不能忽略与其他学习者群体的协同效果。这两个理论都主张，在语言教育中要以学习者为中心。而在外语教学研究领域，由于英语教育重心已由原来注重于语言基础知识的教育转向以学习者为中心的语言技巧与能力训练，因此教育学习者自主学习就显得特别必要。使用英语实现更高效的信息交流，不仅是对语句文字的破译，还包括对含义的协商，因此要求学习者必须具备解决未知信息问题的基本技能。他们只有发挥这些能力才能投入人际交往活动中去，逐步推动外语水平的提升。所以，要有效培养外文才能，也必须靠他们广泛地、自由地运用目的语句。人们也开始意识到，在课堂的口语教育中不仅要强调目的的正确讲解与掌握，同时还要强化对学习者在课堂内外所需要的学习技巧与策略的训练。彭生更主张，"自主"应该成为学校育人的基本目标。高职学生经过自主学习，就能够更充分地发展知识主体的功能，学生也能够依靠自身的基础以及通过老师指导和计算机测验后的建议，自由地选择各自的学习策略。学生在练习英文的过程中不仅是一种被动接触的过程，更是一种自主参与的过程。这将促使学习者内部心灵活动的优化。而这种心理过程和优化的外界刺激交互影响，将能使学生在练习英语的过程中，按照他们的特点取得不同的成绩。

自主学习管理中心一般可包括六个模块，即教学管理中心、离开管理中心（意为离开教室进入管理中心）、序列练习管理中心、学生随时进入管理中心、教师主动指导中心和教学资源管理中心。学校针对地区的英语课堂状况，在引进教学管理中心和信息资源管理中心的同时，让课堂教学形成研讨会具有意义，目前很多学校都已经具有并将拥有设立管理中心的物质前提条件。教学管理中心可作为教师上课的得力助手，管理中心内学习资源要针对课堂内容；教师协助学生解决课上的困难点，为学生挑选最适宜的学习资源，并给出学生读书对策、技能发展等方面的引导。学生可复习、拓展课程，并独立完成作业，使用管理中心的资源自主学习。而学习资源中心的教学全部是自主学习。在该类中心中，学习者懂得了怎样收集教学信息并挑选合适自身的学习策略，并运用管理中心内最丰富多彩的学习材料在管理中心内及管理中心之外进行自主学习。

当今社会，由于科技开发日新月异，每个人的知识结构都必须不断更新。随着现代知识经济的蓬勃发展以及社会各界对高职学习者对英文知识需求的增加，更要提出"英语终身学习"教育理念，让终身教育的宗旨更加深入人心。因为英文知识是不断积淀、不断运用、不断提升的历程，所以对所有人而言，包括高职学习者，都是一段永无止境的历程。在信息时代，各类新东西、新事情层出无穷，关于英文的新词语也不断涌现。高职学生只有针对工作、生活的要求积极学习，懂得如何去发现信息、筛选信息、管理信息和分类加工信息，并不断创新地调整学习内容与方式，才能持续地增强英语运用能力，在未来的国际竞争中紧随时代前进的脚步，永远立于不败之地。而自主学习的形式，对高职学生适应环境、社会适应变化和创造力的养成，是必不可少的。再者，由于高职学校年年扩招，高职在校生的数量激增，不少与高校教师联系不足的矛盾也日益突出。而老师和学生之间交往的平均时间也相对缩短了，这就使培育高职学子独立地学习的能力更显需要与迫切。随着我国现代化的教育技术手段的发展，尤其是多媒体教学信息技术、互联网等科学技术在高职学校越来越深入的使用，将为高职学子进行自主学习创造极为良好的物质条件与环境。所以，在未来，自主学习的课程必然会进入高职专业英语课堂并会发展。从上述论述可以看出，在高职学校设置自主学习中心的重要性很大。它将彻底改变中国高职英语中的许多缺点，如由老师包揽所有学生学习任务，从教学内容、时间、课本的使用、学生成绩的评价等均是老师一统天下的状况，而学生成为学习的主导的地位也将得到社会更加广泛的认可。高职英语教学将更加开放式，更趋个性化。学习者的语言要求、教学风格与策略将更加受到关注与研究。高职对英语教学中注重能力训练的观念将进一步提高，为之服务的话语教育技术手段将实现全面现代化。语言学习者在课内、课外都将获得前所未有的语言输入量，运用语言的时机与场合也将大大提高，话语的教学环境也将更优良。部分高等院校学生学习积极性、主动和创新能力无法充分调动的局面或将逐步改善。学生英语学习方式将从"要我学"逐渐变为"我要学"。学习者在主动、创新学习方面的能力也将明显提高，这无疑会让学习者获益终身。有理由认为，中国未来的高职英语教育特点将越来越突出，将是由多媒体教学、网上课程和学生自主学习中心等组成的一种完整的新课程系统。

三、高职英语测试评估向多元化发展

未来的高等院校英文教学将在课程、教学方法、手段等几个方面进行巨大变革的同时，在英文教学中还有一项重大的因素——测试方法的变革，也势在必行。未来的英文测试方法将更加科学合理，也更加合乎教学原理。总体来看，形成性考核比重将会增加，而结果性考核比重将会降低。一方面，它将更好地起到检测与引导学生教学的作用；另一方面，未来的英语测试也会调动学生的学习动力，让学习者在各个学习阶段都能达到相应的成就感，从而更好地起到提高学生学习的积极性的作用。

目前，中国高职学生英语测试还面临着一些亟待解决的弊端。第一，对读、说能力的检测考核关注程度不足。第二，目前普遍存在着轻平时测验、重阶段测验，尤其是期末测验的现状。人们通常仅用一套测试题，或者单项的测验成绩来评价语言学习者水平。第三，测验试题的随意化较大，客观题偏多，主观题偏少，而且对于口语测验试题、口语测验成绩的质量指标等方面还没有深入研究。现有测试评估方法既无法全面地来反映学员的能力水平，又没有科学性。欲进一步改善这一现状，高职学校英语测试中应当加大对听力测试的比例，即使没有开展过口语测试的院校也应当引入对这一知识的考查。而随着中国市场经济的发展，国家对外交往、合作也越来越紧密。高职英语专业"实用性为重"和"注重现代语言操作技能的训练，体现实际应用"的特点，不但体现在读写水准和阅读能力上，还应该越来越多地反映在对外交往所需要读、说能力上。此外，考试"一次定终身"的局面也需要彻底破除。英语测试与期末考试成绩的比例也将减少，在学生进行突击英语复习后，重视期末考试的观点也将淡化。在原来基础上分数的提高将从衡量成就进步的角度得到更多的关注。由于不科学的考查方法导致学习者沮丧、信心大减、主动性下降、创造力被扼杀等造成创造力无法充分发挥的情况将大为改善。高职英语测验总的趋势，应该是试卷与考查结合，开卷与闭卷结合，单独进行与小组探究结合，在考场上进行与考场外相结合，笔试与听觉、口试结合，平时测试与期末考核有机地结合，主体题和客观题有机地结合（减小客观，加大主观），测试语言基础知识与实际运用能力的语言技能有机地结合。

经过对测评系统的深入改造，高职英语专业考核系统将更加"开放化、多元化和科学化"，以便在推动高职英语教学改革、提升教学质量等方面充分发挥其应有的功能。

参考文献

[1] 陈祝林，徐朔，王建初. 职教师资培养的国际比较 [M]. 上海：同济大学出版社，2004.

[2] 程晓堂. 英语教材分析与设计 [M]. 北京：外语教学与研究出版社，2009.

[3] 戴炜栋，胡文仲. 中国外语教育发展研究 [M]. 上海：上海外语教育出版社，2009.

[4] 董燕萍. 心理语言学与外语教学 [M]. 北京：外语教学与研究出版社，2005.

[5] 教育部. 普通高级中学英语课程标准 [M]. 北京：北京师范大学出版社，2001.

[6] 何少庆. 英语教学策略理论与实践运用 [M]. 杭州：浙江大学出版社，2010.

[7] 黄萍. 专门用途英语的理论与应用 [M]. 重庆：重庆大学出版社，2007.

[8] 李耀新. 课堂教学的组织与管理 [M]. 广州：暨南大学出版社，2005.

[9] 林新事. 英语课程与教学研究 [M]. 杭州：浙江大学出版社，2008.

[10] 刘润清. 英语教育研究 [M]. 北京：外语教学与研究出版社，2004.

[11] 曹子问，康淑敏. 英语教学设计 [M]. 上海：华东师范大学出版社，2009.

[12] 罗毅，蔡慧萍. 英语课堂教学策略与研究方法 [M]. 武汉：华中科技大学出版社，2011.

[13] 莫莉莉. 专门用途英语教学与研究 [M]. 杭州：浙江大学出版社，2009.

[14] 束定芳. 外语教学改革：问题与对策 [M]. 上海：上海外语教育出版社，2004.

[15] 连吉娥. 图式理论视域下预科汉语写作教学研究 [J]. 语言与翻译，2016(3).

[16] 侯晓慧. 从新媒体看高职英语教学中存在的问题与解决对策 [J]. 濮阳职业技术学院学报，2021，34(3)：31-33.

[17] 侯晓慧. 工学结合视角下高职英语RICH教学法的应用 [J]. 濮阳职业技术学院学报，2020，33(3)：38-40.

[18] 侯晓慧."双创"时代高职商务英语产学合作协同育人的机制研究 [J]. 就业与保障，2020(18)：173-174.

[19] 侯晓慧. 图式激活理论在高职英语听力焦虑教学中的应用研究 [J]. 山西青年，

2021（16）：137-138.

[20] 卢冬梅.商务英语专业学生核心素养的人才培养模式初探：以大连财经学院为例[J].湖北开放职业学院学报，2019（24）：48-49.

[21] 吴迪，王元昔，于雅莉.基于PBL教学模式的创新训练课程在产学合作协同育人机制下的应用研究[J].黑龙江科学，2018（19）：64-65.

[22] 崔红.高职院校产学合作协同育人机制的实践探索：以电子技术专业为例[J].科技风，2018（28）：58.

[23] 鲍方印，窦鹏，武杰，等.校企合作协同育人机制探究[J].蚌埠学院学报，2019（1）：86-88.